나는 왜
시골을 돌아다녔는가?

글 김동영

프롤로그

국내를 5개월이나 돌아다녔다고?

국내 배낭여행을 하게 된 이유

"국내를 5개월이나 돌아다녔다고?"

"응!"

흔히 '배낭여행'이라고 하면, 유럽이나 남미 같은 해외 배낭여행을 떠올리지만, 나는 국내로 여행을 떠났다.

때는 2016년. 나는 캐나다로 워킹홀리데이를 떠났었다. 그곳에서 약 1년간 일을 했고, 워홀 생활을 하며 모은 돈으로 북, 중미를 돌아다니며 약 5개월간 배낭여행을 했다. 나는 음식에 관심이 많은 편이라 캐나다 워홀을 하는 동안 그리고 여행을 하는 동안 다양하고 새로운 음식에 도전해보았다.

한국에서 맛보지 못했던 다양한 음식들은 모두 색다르고 맛있었다. 하지만, 외국에서 지내는 시간이 길어질수록(비록 다 합쳐봐야 1년 6개월이었지만) 한국 음식에 대한 그리움이 커져갔고, 한식의 다양성에 대해 다시 한번 생각하게 되었다. 오히려, 외국에 있다 보니 한국 음식에 더 관심이 가게 된 것이다. 우리나라는 면적으로만 보면 작은 편에 속하지만 각 지역마다 다양한 음식이 있고, 각 지방의 특산물이 뚜렷하게 존재하는 국가이다. 한국에 있을 땐 몰랐는데, 음식을 좋아하는 나로서는 이러한 사실이 참으로 축복받은 것이라는 생각이 들었다. 그래서 나는 한국에 돌아가면 지역 음식을 테마로 국내 배낭여행을 해보고 싶었다. 진짜 대한민국의 맛을 알아보고 싶었다.

과연 어떻게 하면 정말 제대로 된 지역 음식을 먹어볼 수 있을까? 라고 고민했던 나는, 그 해답을 '시골의 집밥'에서 찾을 수 있을 것이라고 생각했다. 시골의 집밥은 할머니들의 손맛과 각 고장의 특산물을 이용한 색다른 음식을 맛볼 수 있을 것 같았다.

그런데 문제는 어떻게 시골의 집밥을 얻어 먹느냐? 였다. 내가 한국인의 밥상에 나오는 최불암 선생님도 아니고, 어떻게 모르는 집에 가서 밥을 얻어먹을 수 있을까?

그때 마침 떠오른 생각이 시골의 일손 부족 문제였다. 시골엔 항상 일손이 부족하니 농사일이나 집안일을 도와드린다면, 밥 한 끼 정도는 얻어먹을 수 있지 않을까? 직접 농사일을 해보면 식재료 공부에도 도움이 될 것 같았고, 거기에 잠자리까지 제공받는다면? 이거 큰 돈 없이도 전국을 다니며 여행할 수 있겠는데?

무식하면 용감하다고, 이런 단순한 생각으로 여행을 계획하기 시작했다. 그래서 각 지방의 특산물을 조사하고, 그 특산물의 수확시기에 맞춰 대강의 여행 루트를 짜보았다. 여행 준비는 순조로웠지만, 여행을 계획하면 계획할수록 '이런 방식의 여행이 정말 가능할까?'라는 의구심이 생기기 시작했다. 생판 모르는 사람을 자기 집으로 반겨주는 곳이 얼마나 될 지가 가장 큰 의문이었다.

2018년 5월 14일. 여행은 시작되었고. 호기로웠던 출발과는 다르게, 시작부터 삐걱댔다. 사람들은 크나큰 배낭을 메고 시골을 돌아다니는 청년을 경계심이 가득한 눈빛으로 바라보았고, 차가운 말투로 외면하기 일쑤였다. 무작정 찾아간 마을회관에서는 나를 폭탄 넘기기 하듯 다른 곳에 넘기기 바빴고, 해가 질 때까지 일할 수 있는 곳을 찾지 못하는 날에는 밖에서 텐트를 치고 잠을 자기도 했었다. 사실, 지금 생각해보면 너무나도 당연한 반응이었다. 요즘처럼 흉흉한 세상에 누군지도 모르는 사람을 마음 편히 자기 집으로 초대할 사람이 얼마나 될까?

그렇게 계속된 거절에 지친 나는 다른 방법을 찾기 시작했고, 이후에는 점점 노하우가 생겨 시청이나 군청에 연락을 하여 도움을 받기도 했다. 그곳 역시 반기는 분위기는 아니었지만, 알맞은 지역의 동사무소를 추천해주셨고, 추천을 받은 동사무소에서는 적당한 농가나 이장님을 소개시켜주었다.

그렇게 한 군데의 농가를 구하기 위해, 하루에 20통이 넘는 전화를 했었고, 계속된 거절 끝에 '한번 와보세요'라는 말을 들을 때면, 이 여행을 이어갈 수 있다는 생각에 마음이 놓였다. 나는 수상한 청년을 믿고 자신의 집 혹은 자신의 마을로 초대해 주신 분들께 진심으로 감사한 마음이 들었고, 그만큼 내가 도움이 될 수 있는 일이라면 어떠한 일이든 가리지 않고 나섰다.

나의 진심이 통했는지 그분들은 나를 수상한 청년에서 열심히 노력하는 청년으로 바라봐주셨고, 나를 아들 혹은 조카처럼 편하게 대해주셨다. 또한, 내가 다음에 찾아갈 농가를 소개해주시거나, 각종 SNS를 통해 나를 홍보해주시기도 하셨다. 이렇게 감사한 분들 덕분에 내가 찾아간 농가에서 마음 편히 지낼 수 있었고, 다음에 찾아갈 농가를 보다 손쉽게 구할 수 있었다.

❝ 농사일은 힘들다

　일할 수 있는 농가를 찾는 것이 여행의 가장 큰 어려움이었지만, 난 생처음 해보는 농사일 역시 만만치 않았다. 모내기 철에는 정신없이 모판을 나르기도 했고, 뜨거운 햇빛 아래 하루 종일 허리를 구부려 잡초를 뽑기도 했다. 과수 농가에서는 커다란 사다리에 올라 과일에 봉지를 씌우는 일을 하기도 했고, 생전 처음 써보는 농기계를 다뤄 직접 밭을 갈궈 보기도 했다. 농사일은 대부분 육체적 노동이 많은 작업이어서, 일이 끝나면 바로 잠자리에 곯아 떨어졌고, 아침잠이 많은 내가 피곤한 몸을 이끌고 매일같이 새벽 이른 시간에 일어나는 것은 고통 그 자체였다. 하지만, 모든 농부님들은 이렇게 매일매일 반복되는 하루를 묵묵히 이겨내고 계셨다.

"힘들지 않으세요?"

"왜 안 힘들어, 힘들어도 해야지."

❝ 식사는 언제 하세요?

　사실 이번 여행의 목적이었던 지역 밥상도 뜻대로 이루어지지 않았다. 이미 지역 음식이라는 것이 많이 사라졌을 뿐만 아니라, 농가에서는 농사일이 많아 오히려 밥을 더 챙겨 먹지 못하는 편이었다. 흔히 '대중없다'라는 표현을 많이 사용하셨는데, 밥시간을 정해놓고 드시는 것이 아니라, 하던 일이 마무리되면 그제서야 끼니를 챙겨 드시곤 했다.

하지만, 내가 방문했다는 이유로 밥시간을 제대로 챙겨주시려고 하셨고, 괜히 나 때문에 이분들의 생활 패턴이 망가지는 것 같아 죄송스러웠다. 나는 나의 경험을 위해 남들에게 민폐만 끼치고 다니는 게 아닌가? 하는 생각이 들었기에, 농가에서 지내는 동안 작은 일이더라도 도움이 될 수 있는 일이라면, 최대한 일손을 거들기 위해 노력했다.

" 왜 이런 고생을 사서 하는 거야?

여행 내내 나를 따라다니던 질문이었다. 하고 싶은 걸 해야만 직성이 풀리는 나는, 취업 전 마지막으로 마음이 두근거리는 일을 해보고 싶었다. 또한, 회사에 취업해 일을 시작하면, 이렇게 장기간 여행할 수 있는 기회는 두번 다시 오지 않을 것이라고 생각했다. 젊을 때 고생은 사서도 한다는 말이 있지 않은가? 이렇게 고생이 동반된 여행은 나이가 들어서는 시도하지 못할 것이라고 생각했고, 하고 싶었던 것을 하지 않고 세월이 흘러간다면, 나중에 나이가 들어서는 정말 크게 후회할 것 같았다. 그래서 '하지 않고 후회하는 것보단, 하고 후회하는 게 낫다'라는 나의 인생의 모토대로, 나는 이 여행을 꼭 해보고 싶었다.

" 너는 지금 시간 낭비 중이야

간혹 어떤 어르신들은 내가 하는 여행이 시간 낭비라며, "빨리 집으로 돌아가 취직이나 해."라고 꾸중을 하기도 하셨다. 여행 당시 내 나이는 28살이었다. 보통 한국에서 28살이면 회사에 취직해서 일을 하고 있거나 취업을 준비 중인 사람이 대부분이었기 때문에, 취업도 안 하고 배낭여행을 하고 있는 내가 한심해 보였을 수도 있을 것이다. 게다가 꾀죄죄한 모습으로, 시골을 다니며 여행을 하고 있으니 더욱더 그랬을 지도 모르겠다.

하지만, 나는 내가 투자한 1년이라는 시간이 헛되지 않았다고 생각한다. 나는 한 해 동안 여행을 준비하고 실행하며, 지금까지 경험하지 못했던 다양한 경험들을 할 수 있었고, 내가 여행을 떠나지 않았더라면 절대 만나지 못 했을 분들과의 만남은 세상을 바라보는 시야를 더 넓게 만들어 주었다.

비록 애초에 내가 원하던 '지역 밥상'에 대한 내용은 아니었지만, 농사와 시골의 문제점에 대해 진지하게 고민해볼 수 있는 시간이었고, 이는 나의 생활 습관뿐만 아니라, 나의 진로를 바꿔놓는 계기가 되었다. 여행이 끝나고 앞으로 내가 무엇을 해야 할지 조금은 혼란스러웠지만, 농사나 시골과 관련된 일을 하고 싶었고, 나는 여러 고민 끝에 이와 관련된 곳에서 일을 시작하게 되었다.

〝 진심으로 감사드립니다

얼굴도 모르는 수상한 청년을 집으로 초대해주셨던 모든 분들, 용기를 응원한다며 밥을 사주시겠다던 분들, 다닐 때 차비하라며 큰돈을 주셨던 분들 등 2018년 한 해 동안 무식하고 무모한 청년을 응원해주시고, 도움 주셨던 모든 분들에게 진심으로 감사의 말씀 전하고 싶습니다.

진심으로 감사드립니다.

감사합니다.

2018.05.14 - 2018.10.11
국내 배낭여행을 마치고...

목차

프롤로그　국내를 5개월이나 돌아다녔다고?　03

여행 전

준비　19
출발　22

경기도

강화도	과정의 가치를 보는 사람들	29
교동도	자식들에게는 물려주고 싶지 않아	35
파 주	그냥 내다 버렸어요	39
연 천	거절에 익숙해지기	45
포 천	젊은 사람이 필요해	49

강원도

철 원	말 없는 직원들	57
인 제	점심시간이 기다려지는 이유	61
설악산	내 생애 가장 멍청한 짓	67
속 초	용왕님이 주셔야 잡을 수 있는 거야	77
	이거 아이 먹어봤니?	87

양 양	결국 집에 먼저 왔다니까	93
강 릉	날씨가 가물어 예민해	97
	자연에는 인간의 기술이 들어가면 안돼	103
	여기 감자전 하나 주세요	110
삼 척	소비의 쾌락	114
태 백	돈 줘도 안 하는 일을 왜 해	119

경상북도

안 동	농사해보니 어떤가? 할만하던가?	127
	그냥 자연 습성 그대로 놔두는 거야	132
의 성	불편함이 주는 안락함	139
김 천	가짜 아들	145
칠 곡	꽃을 든 남자	153
청 도	선물용 과일과 집에서 먹는 과일?	159
경 주	기후 변화에 대응해야지	164
	농산물은 공산품이 아니야	168

목차

경상남도

양 산	중소농 농가가 살아남는 방법	172
부 산	다 팔아야 집에 가는 거지	177
밀 양	일하면서 힐링하기	182
거제도	너 거제도 갈래?	188
통 영	머지않아 우리나라도 그렇게 될 거야	193
고 성	편리함에는 대가가 필요해	199
진 주	니가 봐도 할 일이 많아 보이제?	207
	신청자가 아무도 없었어요	213
하 동	우물 안 개구리	217
	아버님 잘 쉬다 갑니다	223
남 해	뭐든 기본을 잘 지켜야 돼	231

전라남도

순 천	뭘 어떻게 해… 다 버려야지	241
화 순	화순에 오거든 꼭 들르세요	248
	목사님의 정원	257
고 흥	일단 빚부터 빨리 갚고 싶어요	263

| **진 도** | 너그들이 맛나게 먹으면, 그게 그렇게 좋아 | 271 |
| **담 양** | 아직도 여기가 우리집이라는게 꿈만 같아요 | 277 |

전라북도

| **남 원** | 어쩌다 오게된 남원 | 282 |
| **임 실** | 세대 교체의 필요성 | 291 |

여행 후

| **새로운 시작** 수도권을 떠나다 | 301 |

| **애필로그** 그래서 얻은 게 뭐야? | 306 |

여행 전

여행 전

준비

"또 여행을 간다고?"

엄마는 적잖이 당황한 눈치였다. 아빠 역시 졸업 이후 바로 취직을 할 것 같았던 아들이 또 여행을 간다고 하니 썩 반기는 눈치는 아니었다. 예상은 했지만 생각보다 반대가 심하셨다. 그도 그럴것이 2년간의 군 복무, 2년의 휴학(워홀, 외국배낭여행)을 거치며 8년이라는 기간 동안 대학을 다녔으니, 부모님은 이제 내가 당연히 취업을 준비할 것이라고 생각하셨던 것 같다.

여행을 떠나기에 앞서, 먼저 부모님을 설득하는 것이 필요해 보였다. 사실 뭐 부모님이 반대하신다고 해도 갈 생각이긴 했지만, 내가 부모님도 설득하지 못 한다면 다른 사람들에게도 나의 취업 전 공백 기간을 설명하기 어려울 것 같았다. 그래서 나는 '내가 왜 이 여행을 가려고 하는지, 이 여행을 통해 무엇을 얻고 싶은지' 설명할 수 있는 동영상을 만들어보기로 했다.

그렇게 작은 카메라와 배낭을 들고, 내가 계획한 여행이 가능한 것인지 예행 연습도 할 겸, '예행 여행'을 떠나보기로 했다. 그렇게 강화도로 '예행 여행'을 떠난 나는, 일할 수 있는 농가를 찾을 수 있는 방법, 그 곳에서 경험할 수 있는 것 등 여행의 전반적인 것들과 앞으로 겪게 될 문제점을 파악하고 집으로 돌아왔다. 그리고 이날 촬영한 영상을 정리하여 부모님께 보여드렸다.

"그래, 그러면 조심히 다녀와봐."

'휴.'

강화도에서의 예행 연습은 생각보다 많은 것을 느끼게 해주었다. 첫 번째는 '내가 계획한 여행이 쉽지 않겠구나'라는 것과, 두 번째는 혼자는 어려울 수도 있겠다는 것.

먼저, 일손을 도와드린다고 하면 반겨줄 것이라고 생각했던 것 자체가 오류였다. 혼자보단 여럿이 다니는게 일손에 도움이 되기 때문에, 한 명의 일손은 농가 입장에서 큰 메리트가 없었다. 게다가 누군지도 모르는 사람에게 섣불리 일을 시키려고 할 농가는 많지 않았다. 농가에서도 차라리 두 세명의 젊은 사람들이 팀을 지어온다면, 오히려 더 믿음직스러울 것 같다고 하셨다.

두 번째 문제는 카메라와 짐이었다. 나는 여행하는 모든 과정을 카메라에 담고 싶었는데, 걸어다니거나 일하는 모습을 혼자서 찍으려고 하니, 생각보다 어려움이 많았다. 게다가 이런저런 짐(카메라 장비, 텐트, 옷가지 등)을 혼자 들고 다니려니 가방 무게도 부담되었다.

'동행이 필요하다...'

나는 동행의 필요함을 절실히 느끼고, 이후 각종 인터넷 사이트와 SNS를 통해 동행을 구한다는 글을 올리기 시작했다. 여기저기 글을 올리고 나니, 반응이 조금씩 오기 시작했다.

"동행 구하셨나요?"

나는 신이 나서 어떤 방식으로 여행을 할 것인지 자세히 설명해주었다.

"농사일을 하며 돌아다닐 거구요. 일을 못 구하거나 상황이 안 좋으면 길바닥에서 텐트를 치고 잘 수 도 있습니다. (생략)"

너무 자세히 설명을 해준 탓일까? 연락을 준 모든 사람들은 이 여행이 예견된 고행길임을 직감하고, 더 이상 문의를 하지 않았다. 그렇게 몇 번의 거절을 당하며 동행을 구하지 못한 나는, 결국 혼자서 여행을 떠나기로 결심했다.

'그래. 뭐 어떻게든 되겠지...'

여행전

출발

배낭을 메고 현관문을 나섰다. 앞으로 몇 개월이나 돌아다니게 될까? 등 뒤로 멀어져 가는 우리집 아파트가 새롭게 느껴졌다. 이제 나는 편히 지냈던 집을 떠나 개고생을 할 예정이다. 앞으로 어떻게 될지 모르는 이 여행에 대한 기대감과 함께 불안감이 몰려왔다. 일을 못 구하면 어쩌지? 잘 곳을 못 구하면 어떡하지?

최후의 보루로 가져온 텐트와 침낭이 사용되지 않기를 바라며, 첫 번째 목적지로 향하는 버스 정류장에 도착했다. 도시에서 크나큰 배낭을 메고 있어서일까? 많은 사람들이 신기한 눈빛으로 바라보았다. 나는 애써 아무렇지 않은 척하며 버스를 기다렸다. 버스를 타고 첫 번째 목적지인 강화도로 가는 내내 멍하니 창 밖을 바라보았다. 버스는 건물과 아파트로 가득했던 무채색의 도시를 벗어나, 논과 밭 그리고 나무들이 보이는 시골로 들어가고 있었다.

버스터미널에 도착한 나는 바로 근처에 있는 강화 풍물시장으로 발길을 옮겼다. 북적일 줄 알았던 시장은 평일이라 그런지 한산했다. 시장에는 장을 보러 온 사람들보다 물건을 팔기 위해 나와계신 상인분들이 더 많아 보였다.

시장 입구부터 강화 약쑥이라는 푯말이 눈에 띄었다.

'강화 약쑥? 저게 시장에 많이 나와 있는거보니, 수확 시기인가보다. 약쑥 밭이 많은 곳으로 가봐야겠다.'

나는 밖에서 나물을 팔고 계신 할머니 한 분께 인사를 드리고 말을 건네 보았다.

"안녕하세요~ 지금 강화 약쑥이 많이 나오는 시기인가요?"

"그렇지. 지금이 한창 많이 나올 때야."

"그럼, 이 약쑥이 많은 곳으로 가려면 어디로 가야 해요?"

할머니는 한 마을을 알려주시면서, 그곳에 가면 약쑥 밭이 많을 거라고 하셨다. 나는 할머니가 알려주신 마을로 가기 위해 다시 버스에 올라탔다. 시골 버스는 도시에서 탔던 버스와는 다르게 시골 버스만의 느낌이 있었다. 양손 가득 짐을 싣고 버스에 올라타시는 어르신들. 그런 어르신들을 천천히 기다려주시는 기사님까지. 왠지 모르게 정감이 간다.

잠시 후, 할머니가 알려주신 목적지에 내렸다. 주변을 아무리 둘러봐도 약쑥 밭이 보이지 않아 지나가시던 할아버지께 여쭈어보았다.

"할아버지, 안녕하세요! 이 마을에 오면, 약쑥 밭이 많다고 들었는데, 어디로 가야하나요?"

"여기가 아니고, 옆 마을로 가야 해."

"아... 네, 감사합니다!"

그래. 처음부터 일이 술술 풀릴 순 없다. 할아버지께서 버스 두 정거장만 가면 된다고 하시길래 마을 구경도 할 겸 슬슬 걸어가 보기로 했다. 그런데, 시골에서의 버스 두 정거장 거리는 도시의 버스 두 정거장 거리와 큰 차이가 있었다. 아무리 걸어도 목적지가 나오지 않았다. 분명 옆 마을이라고 하셨는데... 그렇게 한참을 걸어 도착한 마을. 무작정 마을회관에 들어가 보았다.

"안녕하세요. 이곳이 약쑥으로 유명한 마을이라고 해서 찾아왔는데, 혹시, 이 마을에 일손 필요한 곳이 있을까요?"

마을회관에 계시던 분들이 이상한 눈빛으로 쳐다보셨다. 자초지종을 설명하니 마을에서 약쑥 체험장을 운영하시는 분을 소개해주셨다. 그곳에 가면 아마 할 일이 많은 것이라고 했다.

'됐다. 드디어 시작되는구나.'

경기도

인천 강화도

과정의 가치를 보는 사람들

사자발약쑥

"어서 오세요~"

약쑥 체험장 대표님은 나를 반갑게 맞이해 주셨다.

"안녕하세요!"

처음으로 일할 수 있는 곳에 찾아온 나는 기대감에 잔뜩 부풀어 있었다.

"어떤 일이든 도와드리겠습니다!"

"잘 오셨어요. 여기엔 할 일이 정말 많아요."

이곳은 강화도의 특산물 중 하나인 '사자발 약쑥'을 직접 재배, 가공, 판매 그리고 약쑥과 관련된 체험을 할 수 있는 체험장까지 운영하는 곳이었다. 사실, 집이 인천이라 강화도에 가끔 놀러 왔었지만, '사자발 약쑥'은 처음 들어보는 이름이었다. 대표님의 말씀에 의하면, 사자발 약쑥은 예로부터 약효가 뛰어나, 임금님에게 진상하던 아주 귀한 강화도 특산품 중 하나라고 하셨다. 강화시장에서 보았던 강화 약쑥이 바로 이 사자발 약쑥이었다.

"사자발 약쑥은 모양도 모양이지만, 향긋한 향이 특징이에요. 한번 맡아봐요."

약쑥을 손으로 비벼 코에 갖다 대니, 콧속 가득히 향긋한 민트향이 올라왔다. 코가 뻥 뚫리는 기분이었다.

"내가 이 향에 취해서 이 사업을 시작하게 됐어요."

전업 주부셨던 대표님은 약쑥의 매력에 빠져 이 사업을 시작하게 됐다고 하셨다. 재배부터 가공, 판매까지 모든 과정을 직접 공부하고 익혀 사업을 운영하고 계신 대표님은 약쑥에 대한 열정이 넘치셨다.

"이 약쑥은 키워서 관리하는게 정말 어려워요. 약쑥이 약효가 제대로 발휘하기 위해서는 최소 3년 이상의 기간이 필요한데, 관리를 잘 못하면 곰팡이가 피거나, 건조가 되어도 향이 제대로 안 나는 경우가 생길 수 있어요. 이런 긴 과정을 거쳐야 비로소 제대로된 약쑥이 완성되는 거예요."

게다가 대표님은 약쑥의 효능을 약으로써 제대로 전달하기 위해 유기농 재배를 선택하셨는데, 제초제나 농약을 사용하지 않으려면 무럭무럭 자라나는 잡초를 매일 같이 뽑아야 한다고 하셨다.

"잡초를 뽑는게 힘든 일인가요?"(이때까지만 해도 잡초 뽑는 일이 힘든 건지 몰랐다)

"계속 같은 자세로 허리를 굽히고 일하니, 인부들을 고용해서 일을 하려고해도, 잡초 뽑는 일이라고 하면 잘 안하려고 해요. 게다가 여기는 다 나이드신 분들이 대부분이라 풀 뽑는 일은 엄두를 못 내시죠. 그래서 제가 거의 다 하는 편이죠."

"약쑥이 상품으로 만들어지기까지 대표님의 정성이 정말 많이 들어가네요."

이렇게 많은 정성이 필요한 약쑥은 가격이 저렴한 편은 아니었다. 사실, 대표님이 판매하시는 약쑥은 생산 과정과 정성에 비하면 비싼 가격이 아니라고 생각되지만, 대부분의 사람들은 약쑥에 어떠한 정성이 들어갔는지에 대해서는 큰 관심을 가지지 않았다. 사람들은 완성된 제품과 가격만 볼뿐, 이 제품이 어떻게 생산되고 어떻게 가공되었는지에 대해서는 크게 관심을 가지지 않는다고 하셨다.

그러나, 이러한 정성에 관심을 기울이는 사람들이 있었다. 바로 일본 사람들이었다. 매년 5월만 되면 이곳에 방문하는 일본인들이 있었는데, 일본에서 쑥과 관련된 사업을 하고 계신 분들이었다. 이분들은 약쑥에 대한 관심이 높았을 뿐만 아니라, 이곳에서 약쑥을 어떤 조건에서 어떻게 생산하고, 어떻게 보관하고 있는지까지 관심이 많았다.

운이 좋게도 내가 이곳에서 지내는 동안, 이분들의 방문이 예정되어 있어, 이분들과 직접 만나 이야기해볼 수 있었다.

"대표님은 정말 훌륭한 분이세요. 이렇게 좋은 방법으로 이 정도 최상품을 생산한다는 건 정말 힘든 일이에요. 우리가 일본에서 판매하는 제품들 중에서도 대표님이 생산한 약쑥이 제일 인기가 좋아요. 그래서, 매년 이맘때쯤이면 약쑥을 구매하기 위해 이곳에 방문합니다."

"사자발 약쑥을 일본에서 직접 키우지 않고, 이곳에서 사가시는 이유가 있나요?"

"일단, 이 사자발 약쑥은 이곳 강화도를 벗어나 다른 곳에서 키우게 되면 그 향이 약해집니다. 그리고 가장 중요한 것은 대표님의 생산 방식이에요. 대표님처럼 친환경으로 키우는 게 정말 쉽지 않은 일이에요."

대표님은 이분들과 처음 만났던 순간을 이야기해주셨다.

"이분들은 한국을 여행하시다가 우연히 이곳 약쑥 체험장에 방문하셨는데, 내가 어떻게 약쑥을 재배하고, 어떤 방식으로 가공하는지에 대해서 엄청난 관심을 가지고 계셨어. 그렇게 약쑥 밭이랑 가공 공정을 보시더니, 가격은 묻지도 않고 수량을 달라고 하시더라고."

대표님의 정성이 담긴 상품이 일본에서 인기가 좋다고 하니 덩달아 내 기분도 좋아졌다. 상품에 담긴 정성과 그 가치를 인정받은 대표님은 얼마나 기분이 좋으셨을까? 이분들이 일본으로 돌아가시기 전, 대표님에게 마지막으로 하셨던 인사말이 생각났다.

"좋은 상품 주셔서 감사합니다."

2018.05.14-05.17

인천 강화도에서

인천 교동도

자식들에게는 물려주고 싶지 않아

농사꾼

강화도 약쑥 대표님의 소개로 오게 된 섬 속의 섬, 교동도. 이곳에서 만난 어머님, 아버님은 쌀, 토마토, 파프리카, 수박, 등 여러 작물을 재배하고 계셨다. 다양한 작물을 재배하는 만큼 일손이 많이 필요한 곳이었다. 하지만, 그중에서도 5월이 되면 가장 중요한 일이 있다. 바로 '모내기'다.

일 년 중 가장 중요한 행사라고도 할 수 있는 모내기 작업. 모내기의 시작은 모판 나르기. 육묘장 안에서 자란 파릇파릇한 모는 쭉 깔려있는 모판 위에 가지런히 심어져 있었다. 하필(?) 이곳은 육묘장을 직접 운영하시는 곳이라, 다른 농가에서 모판을 주문하면 주문량에 맞춰 모판을 트럭에 싣고 배달을 해야했다. 물론, 모판은 트랙터를 이용하여 트럭으로 올리지만, 트랙터 위로 올리는 작업은 사람이 해야 했다.

모판 하나의 무게는 무겁진 않았지만, 질척거리는 땅 위에서 물을 잔뜩 머금은 모판을 계속 나르다 보니 허리에 무리가 오기 시작했다.

"아버님, 몇 판 남았어요?"

"아직 멀었어~"

'하...'

아마 트랙터가 없었다면 내 허리는 남아나지 않았을 것이다. 다음 과정은, 트럭에 쌓인 모판을 논 둑에 내려놓기. 또다시 모판을 날라야 했다. 후...

모든 논에 모판을 옮겨 놓고, 드디어 본격적인 모내기 작업이 시작되었다. 아버님은 논에서 이앙기를 운전하시며 모를 심으셨고, 나는 논둑에서 대기하고 있다가 아버님이 모판을 달라고 하시면 건내드리는 간단한 작업이었다. 아버님이 운전하시는 이앙기는 모판에 심어져있던 모를 분주하게 심기 시작했다. 한치의 오차 없이 정확하게 움직이는 이앙기의 모습을 보니, 기계의 정교함에 감탄이 절로 나왔다.

'옛날에는 어떻게 농사를 모두 수작업으로 지었을까?'

그만큼 이제는 기계가 없으면 안 되는 시대가 되었다. 이번 모내기 작업만 봐도 그랬다. 이번 작업에 사용된 기계는 트랙터, 트럭, 이앙기.

"논 농사를 지으려면 이 기본적인 3가지 농기구가 필요한데, 3가지 모두 가격이 만만치 않다고. 그래서 대부분의 농가가 시작부터 빚을 지고 시작하는 경우가 많아."

"게다가 사용 도중 고장이라도 나면? 결국, 농사를 지어 번 돈은 농기

계 수리비, 농약 구입비, 인건비 등으로 다 사라진다고."

"돈 들어가는데가 정말 많네요."

"그렇지. 투자 대비 수익률이 너무 안 좋아. 근데 어쩌겠나, 지금까지 해온게 농사고, 이제 기계를 안 쓰고는 할 수가 없으니…"

"기계가 고장나지 않고 잘 도와줘야겠네요."

"그렇지. 근데 이번에도 이앙기에 문제가 생겨서 모 심는 날짜가 미뤄진거야. 에휴, 얼른 논이랑 다 팔아야지…"

"파신다고요? 나중에 자녀분들에게 안 물려주세요?"

"농사는 안 물려줄거야. 농사는 안 짓는 게 좋아. 예전부터 농사꾼이라는 말이 있잖아, 꾼이라는 게 뭐야? 어떤 일에 종사하는 사람을 낮잡아 부르는 말이잖아. 돈도 안되고 대우도 못 받는데, 우리 자식들에게는 물려주고 싶지 않아…"

2018.05.17-05.21

교동도에서

경기도 파주

그냥 내다 버렸어요

농산물 가격

5월인데 벌써부터 이렇게 덥다니... 모자를 푹 눌러쓰고 아침부터 풀을 뽑기 시작했다.

'이놈의 풀은 왜 이렇게 큰 거야?'

파주의 한 산머루 농원. 이곳 역시 제초제와 농약을 쓰지 않고, 산머루를 재배하는 곳이었다. 따라서, 이곳에서 내가 해야 할 일은 잡초 뽑기였다. 당시 77세이셨던 아버님은 내가 큰 풀을 뽑고 있는 동안 무거운 예초기를 돌리고 계셨다. 군대를 다녀온 남자들이라면 알 것이다. 땡볕에서 하루 종일 예초기를 돌리는 게 얼마나 힘든 일인지. 예초기 모터를 등에 짊어진 아버님의 등은 땀으로 흥건하게 적셔져 있었고, 모자를 쓴 이마 밑으로도 땀이 비 오듯 쏟아지고 있었다. 옆에서 쪼그려 잡초를 뽑고 있는 나도 온몸이 땀으로 흥건하게 젖어있었다.

제초 작업이 끝나자 아버님은 창고에서 투명한 비닐과 검은색 차광망을 가지고 나오셨다. 그리고는 나에게 비닐과 차광망을 땅에 놓으며 말씀하셨다.

"이제 이걸 땅에 깔아야 해요."

"아버님, 이 작업은 왜 하는 거예요?"

"땅에 비닐과 차광망을 덮어서 열을 가두면, 잡초가 뜨거워서 자라지 못 해요."

　10m가 훌쩍 넘는 비닐과 차광망을 옮길 때마다 이리저리 먼지가 흩날렸다. 안그래도 뜨거운 햇빛에 숨이 막혀가는데, 먼지까지 날리니 숨 쉬기가 더 힘들었다.

"잠시 쉬었다 해요."

"네."

　아버님과 나는 잠시 작업을 중단하고 그늘 밑으로 들어가 휴식을 하기로 했다. 그늘에 자리를 잡은 아버님은 나에게 초코파이 하나와 두유 하나를 건네셨다.

"날이 더워서 힘들죠?"

"괜찮습니다. 그나저나 제초제를 안 쓰니까 할 일이 정말 많네요."

"그럼요. 제초제를 쓰면 일하기는 훨씬 편한데... 제초제를 안 쓰니까

풀도 뽑아야 하고, 풀이 안 자라게 비닐이랑 차광망도 깔아줘야 하고. 농약이랑 퇴비도 친환경으로 만들기 때문에 할 일이 항상 많은 편이죠."

"농약이랑 퇴비를 만드신다구요?"

잠깐의 휴식을 마치고, 아버님은 직접 만드신 친환경 농약과 퇴비를 보여주셨다. 여러 재료를 섞어 만드는 친환경 농약과 퇴비는 아버님이 인터넷 강의까지 들으시면서 공부한 결과물이라고 하셨다.

"이걸 만드는데 10년이 걸렸어요."

77세의 연세에도 불구하고, 책은 물론 인터넷을 이용해 공부하신다는 사실이 새삼 놀라웠다.

"친환경이라는 게 정말 어렵네요. 그런데, 어떻게 친환경 농업을 시작하게 되신 거예요?"

"사실, 나는 친환경이라는 단어를 몰랐어요. 그냥 내가 배운 대로 했던 건데, 그게 요즘 말하는 친환경이더라고. 그래서, 농약이나 제초제 같은걸 사용할 생각을 아예 안 했지요. 근데 이제는 밖에서 파는 농약이나 제초제를 쓰면 일이 훨씬 쉬워진다는 걸 알아도, 내가 먹을 거라고 생각하고 키우니, 안 하게 되더라고... 근데 사람들은 잘 몰라요. 별로 관심이 없는 거 같아. 특히, 공판장에선 친환경이 쓸모가 없어요."

"쓸모 없다는게 무슨 말씀이세요?"

"한 번은 머루를 공판장에 납품하려고 가져갔는데, 그 해에는 머루 값이 많이 떨어진 데다가 친환경은 대우도 안 해주더라고, 비싼데다가 모양도 이상하니까 사람들이 잘 안 사간다고. 그러면서 준다는 가격이 재료비도 안 되는 거예요. 그래서 도로 집으로 가져왔어요."

"그럼, 그 머루는 다 어떻게 하셨어요?"

"머루는 보관하기가 쉽지 않아 금방 물러져요. 집에 가져와서 물러진 머루를 보니까 너무 화가 나는 거야. 그래서 홧김에 그냥 다 내다 버렸어요..."

힘들게 수확한 머루를 버리셨다니. 얼마나 속상하셨으면 그런 결정을 하셨을까.

"농산물은 공산품이랑 다르게 우리가 가격을 정하지 못해요... 그게 참 힘든 점이예요. 열심히 농사를 지어도, 결국 사가는 사람들이 가격을 정하기 때문에, 참 불리한 점이 많죠. 게다가 농산물은 제때 팔지 못하면 썩어버리니..."

2018.05.23-05.25

파주의 한 머루농원에서

연천

거절에 익숙해지기

텐트와 침낭

오늘만 벌써 히치하이킹 4번, 버스 1번이다. 도착한 곳은 버스도 자주 없는 경기도 연천의 한 시골 마을. 마을 이장님을 찾기 위해 마을회관에 들어서는데, 분위기가 썰렁했다. 회관에는 아무도 안 계셨지만, 다행히 이장님 전화번호가 눈에 띄여 연락을 드렸다.

"안녕하세요, 저는 지역 음식과 지역 특산물을 주제로 배낭여행 중인 청년입니다! 저는 시골 농촌에 가서 일손을 도와드리고 집밥을 얻어먹으며 여행을 하고 있는데, 혹시 이 마을에 일손 필요한 곳이 있을까요?"

"우린 그런 거 안 합니다."

내 말이 끊어지게 무섭게 이장님의 싸늘한 답변이 돌아왔다. 나는 이장님의 싸늘한 말투보다 '그런 거'라는 표현이 마음에 걸렸다. 나에게는 의미 있다고 생각한 여행이 남들에게는 그저 '그런 거' 혹은 '의미 없는 것'이 될 수 도 있겠구나...

마음을 다잡고 다른 마을회관으로 발길을 돌렸다. 하지만, 이번에도 마찬가지였다. 또 다른 마을회관에 가보았지만 결과는 같았다. 시간은 늦었고 해가 저물기 시작했다. 이제는 일할 수 있는 곳이 아닌, 잠을 잘 수 있는 곳이 필요했다. 다시 이장님께 연락을 드려 마을회관에서 잠이라도 잘 수 있는지 여쭈어 보았다. 결과는 또다시 'NO'였다. 이런 상황을 대비해 가지고 다녔던 텐트와 침낭이 사용될 타이밍이었다.

"이장님, 그럼 혹시 마을회관 앞에서 텐트를 치고 하루만 자도 될까요? 일찍 나가겠습니다."

"그래요. 대신 일찍 정리해주세요. 마을 어르신들이 싫어하실 수도 있어서요. 미안합니다."

여행을 시작한 지 얼마 지나진 않았지만, 그동안 나의 부탁을 흔쾌히 허락해주신 분들에게 새삼 감사한 마음이 들었다.

'그래, 이렇게 거절하는 게 당연한 거야.'

아무리 일손이 필요하다고 해도 낯선 사람을 자기 집으로 받아준다는 것이 쉬운 일이 아닌데, 그동안 내가 너무 당연하게 생각하고 있었던 것 같다. 그래도 서운한 마음이 드는 건 사실이었.

나는 내 배낭 속에 꼭꼭 숨겨놨던 텐트와 침낭을 꺼내기 시작했다. 텐트를 치고 근처 수돗가에서 간단하게 세수를 마치고 나오니 어느덧 해가 저물고 있었다. 몸을 구겨 자그마한 텐트 안으로 들어가 보았다. 처음으로 사용해보는 텐트 안은 혼자 들어가기에 딱 알맞은 사이즈였다. 발을 뻗고 누워 오늘의 일정을 되돌아보았다.

'나는 왜 이곳에 텐트를 치고 누워 있을까? 무엇을 위해 이런 고생을 하고 있을까?'

5월의 낮은 더웠지만, 해가 지고 나니 제법 쌀쌀했다. 예비로 가져온 두꺼운 옷들을 모두 꺼내 입고 침낭 속에 들어가 보았지만, 바닥의 찬 기운이 그대로 올라오는 느낌이었다. 내가 시작한 일이지만, 갑자기 괜한 서러움이 몰려왔다. 지금이라도 집으로 돌아가 따뜻한 곳에서 마음 편히 잠을 자고 싶었다. 하지만, 시작을 했으니 이대로 그만두고 싶진 않았다.

'그래, 이제는 거절에 익숙해져야 한다.'

2018.05.25

경기도 연천의 한 마을회관 앞에서

포천

젊은 사람이 필요해

마을 사업

"동영씨, 이거 좀 프린트로 뽑아 줄 수 있어?"

"네~"

탁탁탁탁. 딸깍 딸깍.

위이이잉~

"와~ 역시 젊은 사람은 다르네."

내가 한 일은 컴퓨터를 사용하는 사람이라면 누구나 할 수 있는 문서 작성과 출력이었다. 농사일만 하게 될 것이라고 예상했던 이번 여행에서 처음으로 농사가 아닌, 컴퓨터 작업을 도와드렸다. 이제 막 마을 사업을 시작한 이 마을에서는 여러 종류의 문서 작성이 필요했는데, 이걸 타이핑해줄 사람이 아무도 없었던 것이다. 누구나 할 수 있는 일을 하고 칭찬을 받으니, 마치 불로소득자가 된 기분이다.

"또 다른 거 도와드릴 거 있나요?"

"어~ 그래 그래. 동영씨 이것도 좀 해줄 수 있나?"

경기도 포천에 위치한 이 마을은 마을 이장님과 부녀회장님을 중심으로 이 마을에 귀촌하신 40-50대 젊은(?)분들이 모여 마을 사업을 시작하게 됐다고 하셨다.(시골에선 40~50대면 막내에 속한다)

마을에 활기를 불어넣고자 시작된 마을 사업은 '마을 캠핑장'과 '판매장' 운영이었다. 마을 경치가 뛰어나 캠핑장은 좋은 아이템으로 보였고, 캠핑장에 오는 손님을 맞이하기 위해 준비중인 카페겸 농산물 판매장도 제법 멋지게 지어져있었다.

나는 이장님과 함께 새로 생긴 캠핑장을 둘러보았다. 가운데 공용시설을 중심으로 나란히 들어선 카라반과 글램핑장에 들어가 보니, 금방이라도 손님이 찾아올 것 같았다.

"어때? 여기 캠핑장 예쁘지?"

"네, 경치가 정말 좋은 것 같아요! 그런데, 아직 손님은 안 받으시는 건가요?"

"응, 아직 마무리 안된 게 좀 있어서, 몇 개월 뒤에 오픈할 예정이야."

"시설은 마무리 된 거 같은데요?"

"응, 시설은 마무리가 됐는데... 아직 홈페이지 마무리가 안 됐어."

마을 사업을 준비할 당시, 마을 사람들은 캠핑장을 소개할 수 있는 홈페이지를 제작하려고 했다. 때마침, 마을에 어느 한 분이 자신의 지인이 운영하는 홈페이지 제작 회사를 연결시켜주었고, 그 회사를 통해 홈페이지 제작을 의뢰하였다. 그런데, 이 회사에서 홈페이지 제작을 너무 대충 해줬다는 것이다.

"우리가 컴퓨터에 익숙지 않은 사람들이라 만만하게 본거 같아..."

컴퓨터가 익숙하지 않은 사람들이 보기에도 아쉬운 홈페이지를 만드는데 지불한 비용은 대략 500만원이었다. 이에 화가 난 마을 이장님과 부녀회장님은 회사를 이어준 마을 사람과 높은 언성의 대화를 이어갔고, 홈페이지를 다시 수정해주겠다는 약속을 받은 후 그날의 대화는 마무리되었다고 했다.

"우리가 잘 모르는게 잘못이지... 근데 문제는 홈페이지가 제대로 나와도 관리할 수 있는 사람이 거의 없다는거지..."

"젊은 사람이 한명이라도 있으면, 마을 사업이 수월할텐데요."

"그래, 시골 마을엔 젊은 사람이 필요해..."

이 마을에서 지내면서 가장 놀러웠던 점은 마을 주민분들의 참여도였다. 마을 주민 대부분이 마을 사업에 관심을 가지고 계셨고, 실제로 참여도가 높았기 때문에, 마을 분위기 역시 다른 마을보다 더 활기찬 느낌이었다. 마을 주민들의 다양하고 색다른 아이디어가 들어간 마을 카페의 메뉴는 내가 봐도 감탄이 나올 정도였다. 다만, 이런 멋진 아이디어들이 빛을 발하기 위해서는 다방면으로 홍보가 잘 되어야할텐데, 그런 부분을 신경써줄 사람이 없어보였다. 이 마을에 도움이 될만한 청년이 있었다면...하는 아쉬움이 생겨난다.

2018.05.26-05.31

경기도 포천에서

강원도

철원

말 없는 직원들
대화가 필요해

"안녕하세요!"

"아령하쎄요!"

강원도 철원의 한 토마토 농장. 이곳은 대형 비닐하우스 안에서 흑토마토를 주로 생산하는 농가였다. 이곳에서 일하시는 분들은 총 5명. 모두 태국에서 오셨다. 딱 한 분만 제외하고 한국말 사용이 불가능했기 때문에 작업장은 온통 태국어로 가득했다.

"한국에 오신지 얼마나 되셨어요?"

"6월 대써요 (6개월 됐어요)"

"일은 힘들지 않으세요?"

"(고개를 저으며) 한국말 몰라요."

대화가 잘 통하지 않아 답답하긴 했지만, 일하는 내내 작업에 집중할 수 있다는 장점(?)이 있었다. 중간중간 쉬는 시간에 손짓 발짓을 해가며 대화를 하려고 노력했지만, 쉽지 않았다. 한국어가 가능하신 분이 계실 때는 통역을 해주셔서 서로 이야기가 가능했지만, 이분은 한국말이 가능했기 때문에, 사장님의 지시를 받아 이곳저곳 돌아다니느라 바쁘셨다. 아버님(사장님) 역시 작업을 지시할 때 이분이 없으면 지시 전달이 잘 되지 않아 힘들어하셨다. 수량을 잘못 알아듣거나, A구역을 작업을 하라고 했는데, 알아듣지 못하고 다른 곳을 작업하는 등 언어소통의 문제가 계속된다고 하셨다.

"아버님, 의사소통이 안 되면, 일하실 때 힘들지 않으세요?"

"그래도 저 친구들이 없으면 농장이 안 돌아가."

실제로 대부분의 시골에서는 외국인이 없으면 더 이상 농사가 되지 않았다. 특히, 규모가 큰 농장이라면 더욱더 그랬다. 태국, 베트남, 라오스, 캄보디아, 네팔 등 국적도 점점 더 다양해져 갔다. 이제는 외국인이 없는 시골을 찾는 게 더 힘들 정도다. 어떤 시골은 읍내에 위치한 식당 매출의 대부분이 외국인으로부터 나온다고 할 정도니, 얼마나 외국인의 수가 급증했는지 알 수 있다.

인건비가 올라 일당을 많이 주어도, 한국인은 농사일을 하지 않으려 할뿐더러, 대부분 젊은 사람들은 도시에 나가 있어, 일 할 수 있는 사람이 없다고 하셨다. 그래서 농가에서는 말이 통하지 않더라도, 당장 일을 할 수 있는 외국인을 고용할 수밖에 없다고 하셨다. 문제는 이러한 외국인들 중 대부분이 불법으로 체류 중인 상태라는 것이다. 그리고 여기서 문제가 발생된다.

불법체류자는 말 그대로 불법으로 체류 중인 상태이기 때문에 농가와 정식으로 계약을 할 수가 없다. 구두계약으로 계약이 이뤄지는데, 가끔 바쁜 농번기 시즌에 야반도주를 하는 경우가 발생한다고 한다. 일손이 여유로울 때는 일을 잘하다가 바빠지는 시기에 갑자기 사라져 버리면 농장주들은 그저 하늘만 쳐다보며 멍 때리기를 할 수밖에 없다고 하셨다.

그런데, 이곳에서 알게 된 사실은 이 야반도주의 주동자가 대부분 한국인 브로커라는 것이다. 한국인 브로커는 그들의 약점인 불법체류를 이용하여 협박을 하고, 다른 농장으로 그들을 이주시킨다. 이 과정에서 브로커가 이사 비용의 명목으로 챙기는 돈은 적게는 1인당 20만원부터 많게는 50-60만원.(정확한 금액은 아니다) 물론, 불법체류로 돈을 버는 것도 잘못됐지만, 그들의 약점을 이용해 돈을 버는 것 역시 잘못된 것이다.

그래서 정부에서는 정식으로 인증된 근로자와 농가를 이어주는 프로그램을 시행하고 있는데, 농가에서 필요한 인력에 비하면 너무 적은 인원이라 농가에서는 이러한 문제점을 알고도 불법체류자들을 고용할 수밖에 없다고 한다. 어떤 지역은 이 마저도 없어서 고용을 못한다고 하니 농촌의 일손 문제가 생각보다 심각하다는 것을 알 수 있다.

"일손 구하기가 정말 힘들어..."

2018.05.31-06.04

강원도 철원

인제

점심시간이 기다려지는 이유

어머님의 손두부

"청국장 잘 먹네."

"네! 저 가리는 음식 없습니다."

"두부도 좋아하나?"

"그럼요!"

강원도 인제. 래프팅으로 유명한 인제에는 산이 정말 많았다. 겉으로 보기엔 여기에 밭이 있다고? 생각할 정도로 산이 많은 지형이었지만, 산골짜기 깊숙히 들어가보면, 국내 풋고추 생산량의 60%가 생산되는 넓은 풋고추 밭이 펼쳐져 있었다. 이곳에서 만난 아버님 역시 풋고추 농사를 지으셨다. 아버님이 농사 짓고 계신 고추밭 역시 해발 300m이상 되는 높은 지형에 위치해 있었다. 그래서 일을 하기 위해서는 약 20분 정도 차를 타고 간 다음, 험악한 산길을 타고 또 올라가야만 했다.

이곳에서 내가 주로 했던 일은 풋고추에 필요 없는 잎을 떼내는 순따기 작업이었다. 땡볕 아래서 작업을 하기 때문에 덥기도 더웠지만, 경사진 지형에서 무릎을 쪼그리고 일을 하다보니 허벅지가 터질 것 같은 느낌이었다. 그래도 아무 생각 없이 일을 하다보면 어느새 점심 시간이 다가왔다. 점심을 먹기 위해서는 다시 차를 타고 힘겹게 올라온 길을 내려가야했다.(물론 차로 내려간다) 일하러 가기도 불편하고 날씨도 더워 정말 힘들었지만, 일하는 내내 나를 즐겁게 해준 것이 있었다. 바로, 손주 같은 나를 위해 매번 새로운 반찬을 해주시는 어머님의 밥상 덕분이었다.

더운 날 밖에서 농사일을 마치고 먹는 밥인데 무엇인들 맛이 없으랴 싶겠지만, 강원도 산골의 정이 그대로 느껴지는 밥상은 평소 먹는 양의 두배 이상을 먹게 되는 마법 같은 밥상이었다. 어떤 날은 갈비를 뜯고, 어떤 날은 생선뼈를 바르고, 호사도 이런 호사가 없다.

이런 만족감이 최고치에 도달했을 때가 있었다. 식사를 하시던 어머님이 나에게 물어보셨다.

"두부 좋아해?"

"그럼요!"

"두부 한 번 해줘야겠네."

무심코 하신 말씀인 줄 알았는데, 다음날 점심으로 진짜 두부를 준비해주셨다. 오전에 고추밭에 가서 일을 하는 동안 어머님은 직접 가마솥에 콩을 불리고 삶아서 두부를 만들어 놓으셨다. 두부를 만들어 본 사람은 알겠지만, 두부를 만드는 일은 굉장히 번거롭다. 콩을 불리고, 껍질을 벗기고, 갈고, 끓이고, 간수를 넣고, 누르고... 그 번거로운 과정을 알기에 두부에 얼마나 많은 정성이 들어갔는지 알 수 있었다. 어머님, 아버님과 함께 지내며 일하시는 아드님(나와는 나이 차이가 있어 형님으로 불렀다)이 말씀하셨다.

"이야~ 나한테도 이런 거 안 해주시는데, 네가 정말 맘에 드셨나보다."

불과 며칠 전까지만 해도 얼굴도 모르던 남이었는데, 이런 나에게 정성이 가득 담긴 음식을 해주시다니... 정말 감사할 따름이었다.

나는 바로 만든 따끈한 두부에 양념장을 올린 다음, 한 숟가락 크게 떠 입속으로 가져다 넣었다. 어머님의 따뜻한 정성이 담긴 두부는 뱃속은 물론이고, 마음 속까지 따뜻함으로 가득 채워주었다. 아직도 이 두부만 생각하면, 그때의 그 촉감과 맛이 기억날 정도이다. 무더운 여름 농사 일을 하고 돌어와 먹었던 고소한 두부의 맛. 세상에서 가장 든든한 두부였다.

2018.06.06-06.10

강원도 인제

설악산

내 생애 가장 멍청한 짓

설악산을 넘어가겠다고?

강원도 인제에서의 일을 마치고, 속초로 이동해야 했다. 어떻게 가야 하지? 핸드폰으로 지도 어플을 켜고 검색을 하던 도중 눈에 띄는 곳이 있었다.

'설악산'

나는 예전부터 설악산의 정상, '대청봉'에 올라가 보고 싶었다. 이유는 그곳에 올라가면 주변의 경치를 볼 수 있고, 운이 좋으면 해돋이까지 볼 수 있다고 들었기 때문이다.

'어? 인제가 설악산 바로 아래쪽에 위치해 있었구나... 속초도 설악산 바로 옆쪽이네?'

'그럼... 설악산을 넘어가 볼까?'

결론부터 말하자면 이건 정말 멍청한 생각이었다. 살아서 돌아온 것이 다행일 정도로. 첫 번째 문제는 내 배낭이었다. 무게가 20kg이었던 내 배낭 안에는 등산과는 전혀 상관없는 카메라 장비와 여벌 옷들로 가득했다. 한마디로 쓸데없는 짐을 지고 등산을 한 것이다.

두 번째는 식량. 설악산 정상에는 '중청대피소'라는 곳이 있어 예약을 하면 이곳에서 하룻밤을 묵을 수 있었다. 무턱대고 이곳을 예약한 나는, 이날의 점심, 저녁 그리고 다음날 아침까지 총 3끼의 식량을 준비해야 했는데, 3끼를 모두 빵으로 가져갔다. 한마디로 설악산을 얕본 것이다. 엎친데 덮친 격으로 이날 비까지 내렸다. 결국, 나는 쓸데없이 무거운 배낭, 부족한 식량 그리고 눅눅한 우비를 걸치고 설악산 등반을 시작했다.

애초에 설악산에 대한 정보도 없이 패기만 가지고 출발한 등산 초보에게 고행길은 예견된 것이었다.

"아니 무슨 배낭이 이렇게 커?"

"정상에서 텐트 치고 자려고?"

지나가시는 분들마다 배낭에 대해 물어보셨다.

"아뇨. 배낭을 잘못 가져온 것 같아요..."

"우리 먼저 갈 테니 천천히 조심해서 와~"

등산객들은 무거운 배낭 때문에 속도를 내지 못하는 나를 제치며 빠르게 올라갔다. 배낭은 계속해서 내 어깨를 짓눌렀고, 멈출 생각이 없는 비는 계속해서 나의 시야를 가렸다. 등산을 시작한 지 30분이나 지났을까? 그냥 여기서 그만둘까?라는 생각이 머릿속을 맴돌기 시작했다. 더이상 가다가는 정상에 오르지 못하고 이대로 산 중턱에서 멈출 것 같았기 때문이다.

도대체 정상이 어디지? 얼마나 더 가야 하지? 체력이 떨어져 잠시 앉아 쉬면, 땀과 비에 젖은 옷 때문에 체온이 급격하게 떨어졌다. 거기다 배까지 고프니 완전한 거지꼴이 따로 없다. 다시 일어나 등산을 이어가

려고 하는데, 더 이상 다리가 올라가지 않았다. 올라갈 때 마다 보이는 SOS 전화번호가 눈에 띄었다.

'119 구조대? 저기에 전화를 해야 하는 건가? 아니야 끝까지 가보자.'

계속 가느냐, 포기하느냐. 두 가지 선택이 꼬리에 꼬리를 물며 머릿속을 맴돌았다. 등산로 입구에서 만났던 많은 등산객분들은 모두 정상에 도착하였는지, 주위엔 아무도 보이지 않았다. 나홀로 올라가다 쉬다를 반복하며 아무 생각 없이 올라가다 보니, 드디어 '대청봉' 간판이 보이기 시작했다. 오후 1시. 그렇게 등산을 시작한 지 약 4시간 반 만에 대청봉 정상에 올랐다.

'하... 내가 이걸 보러 왔던 건가?'

대청봉의 웅장하고 장엄한 전망이 보고 싶었는데, 짓궂은 날씨 때문에 기대했던 전망은 볼 수 없었다. 내 앞으로 보이는 흐릿한 시야. 마치 나의 불투명한 미래를 보는 것 같았다. 바람은 또 왜이렇게 많이 부는지 체온이 점점 더 떨어져갔고, 기운이 하나도 없었다. 나는 바로 중청 대피소로 향했다.

"이제 도착한 거야?"

"네..."

올라오면서 만났던 등산객분들은 이미 중청대피소에서 식사까지 마치고 하산을 준비하고 계셨다.(이분들은 내가 죽기살기로 올라온 이곳을 당일 코스로 왔다고 하셨다)

"먹을 건 뭐 가져왔어?"

"빵 조금 가져왔어요..."

"하루 자고 가는 거 아니었어?"

"네... 처음 오는 거라, 이 정도면 될 줄 알았어요..."

"이거 먹다 남은 건데 괜찮으면 좀 줄까?"

"주시면 너무 감사하죠."

내가 정말 불쌍해 보이긴 했는지, 등산객분들이 나에게 먹다 남은 밥과 간식거리를 나눠주셨다. 그리고 그 모습을 지켜보시던 또 다른 분이 나에게 김밥을 나눠주셨고, 그 모습을 본 또 다른 분이 김치를 주셨고, 그 모습을 본 또 다른 분들이 떡과 물을 건네주셨다.

"감사합니다!"

진짜 거지가 따로 없다. 어찌됐건 갑자기 먹을거리가 풍족해진 나는 들뜬 마음에 재빠르게 옷을 갈아입고, 등산객들이 주신 음식을 허겁지겁 먹어치웠다. 먹다 남은 김밥 그리고 식은 밥과 김치였지만 지금까지 느껴보지 못한 음식의 소중함을 느낄 수 있었다. 아마 군대 이후 처음으로 '살기 위해' 밥을 먹었던 것 같다. 전투적이었던 식사를 마치고 나니 휴식이 필요했다. 등산하는 내내 체온이 떨어져 따뜻하게 쉴 곳이 필요했는데, 대피소 객실은 오후 5시가 되어야 들어갈 수 있다고 했다.

'아, 몸이 너무 추운데.'

체온이 많이 내려갔는지, 몸이 부들부들 떨렸다. 일단 급한 대로 취사장 바닥에 돗자리를 깔고 침낭을 펴 누워있기로 했다. 다른 등산객들에게 피해가 되지 않도록, 가장 구석진 자리에 자리를 잡았다. 으슬으슬 떨리는 몸이 점점 더 추워지는 듯하더니, 이내 잠이 들고 말았다. 시간이 지나고 방송이 나왔다.

"오늘은 날씨가 너무 추운 관계로 대피소를 한시간 일찍 개방하겠습니다."

'와, 살았다.'

대피소 객실에 들어가 꿀잠을 잤다. 일어나 보니 어느덧 저녁 먹을 시간이었다. 점심에 적선받은 음식을 들고 취사장으로 내려갔다. 취사장은 중청대피소를 찾은 등산객들로 가득차있었다. 등산객들은 같이 온 일행들끼리 모여 맛있는 식사를 준비하고 있었다. 라면을 끓이는 사람들, 고기를 굽는 사람들, 찌개를 끓이는 사람들... 취사장에 홀로 온 사람은 나뿐이었다. 나는 투명 비닐봉지에 담긴 음식들을 하나씩 꺼내보았다.

'밥, 김치, 떡 그리고 빵... 이걸로 내일 아침까지 버텨야 한다. 배분을 하자.'

남아있는 음식이 얼마 되진 않았지만, 내일 아침에 먹을 식량을 남겨두기 위해 가지고 있는 음식을 두 끼로 나누었다. 이 모습을 보고 계시던 옆 테이블의 아버님 한분이 나에게 말을 걸어오셨다.

"혼자 왔어요?"

"네."

"이거 같이 먹어요. 우린 다 먹었어요."

친구분들과 함께 등산을 오신 아버님 네 분은 드시던 고기와 소시지 그리고 갓김치를 나에게 건네주셨다.

"감사합니다!"

"많이 먹어요. 우린 다 먹었으니까."

산 정상까지 무겁게 가져온 음식을 나눠준다는 것은 단순히 음식을 건네는 것이 아닌, 아주 소중한 보물을 나눠주는 느낌이었다. 이날 나에게 음식은 말 그대로 생존이었고, 하루를 버틸 수 있는 에너지였다. 그렇기 때문에 이분들이 주신 음식이 더욱 소중하게 느껴졌다. 요즘처럼 먹거리가 풍족한 시대에 음식의 소중함을 느껴볼 기회가 또 있을까? 이때를 떠올리면, 다시는 경험하고 싶지 않은 힘든 순간이었지만, 음식에 대한 소중함과 감사함을 느낄 수 있었던 귀중한 경험이었다.

(혹시라도 음식의 소중함을 느끼고 싶다면, 나처럼 최소한의 비상식량만 가지고 1박 2일 등산을 해보길 바란다. 나는 두 번 다신 안하겠지만...)

2018.06.10-06.11

설악산 국립공원에서

속초

용왕님이 주셔야 잡을 수 있는 거야

문어잡이

"배를 타고 싶다고?"

"네, 기회가 된다면 꼭 타고 싶습니다!"

속초가 고향인 친구의 소개로 찾아간 속초 아바이 마을의 한 식당. 식당을 운영 중인 어머님이 나를 반갑게 맞이해주셨다.

"어~ 왔니?"

"안녕하세요!"

"배를 타고 싶다고?"

"네!"

외모에서부터 '쿨'한 모습을 풍기시는 어머님은 갑자기 어디론가 전화를 거셨다.

"여기 뱃일하고 싶어 하는 친구가 한 명 있는데, 내일 같이 나갈 수 있어요?"

전화를 끊으신 어머님이 말씀하셨다.

"어, 여기 마을에서 문어잡이 하시는 분인데, 아마 이분이 도와주실 거야."

잠시 후, 이북 사투리 억양이 강한 아버님이 식당으로 들어오셨다.

"이 친구구만! 배를 타보고 싶다고?"

"네, 기회가 된다면 꼭 타보고 싶습니다!"

"배를 타본 적은 있니?"

"음... 아니요. 없습니다."

배를 타는 일은 생각보다 쉬운 일이 아니었다. 먼저, 배를 타기 위해서는 선원 등록을 해야 했다. 만약 바다에서 사고가 나면, 그 배에 누가 탔었는지 알기 위함이라고 하셨다. 또한, 뱃일의 가장 큰 적인 '뱃멀미'. 만약, 내가 배 위에서 뱃멀미를 한다면, 조업을 도와주기는커녕 민폐만 끼치는 상황이 되기 때문에, 배를 타시는 분들은 모르는 사람을 함부로 배에 태워주려고 하지 않으셨다.

"괜찮을까요?"

"일단 한번 가보지 뭐!"

"감사합니다!"

나는 아버님과 함께 신분증을 들고 해양경찰서로 향했다. 그곳에서 간단한 절차와 함께 생전 처음으로 '선원 등록'이라는 것을 했다. 여행 처음으로 어업 일을 해볼 수 있게 되었다는 사실에 한껏 들뜬 마음이었다.

'드디어 배를 탈 수 있구나.'

"내일 옷 따뜻하게 챙겨 입고, 새벽 3시 반까지 배가 있는 장소로

와."

아버님은 나에게 배가 있는 장소를 알려주시고 쿨하게 집으로 들어가셨다.

다음날, 새벽 3시 반. 아직 해가 뜨지 않아 어두컴컴한 밤이었다.

"어, 왔니? 저기 앞에 앉아."

나는 아버님이 가리키신 배의 앞쪽에 자리를 잡고 앉았다. 퉁퉁퉁퉁. 시간이 되자 아바이 마을에 정박되어있던 작은 배들이 하나둘씩 출항하기 시작했다.

"지금 나가는 배들은 거의 다 문어잡이 배야. 문어잡이는 혼자 해도 충분하기 때문에, 그렇게 큰 배가 필요 없어~"

쌀쌀한 바닷바람을 가르며 포인트에 도착한 배들은 각자 맡은 자리에서 낚시추가 달린 부표를 바다에 하나 둘 띄우기 시작했다. 미끼는 따로 없었다. 문어들은 반짝거리고 뾰족한 낚시추를 먹이로 착각하여 달려들기 때문에, 바다에 추만 던져놓으면 날카로운 낚시추에 걸려 도망가지 못한다고 하셨다. 문어잡이 배들은 그러한 문어의 특성을 이용해 약 20개의 추를 던져놓고 배 위에서 부표를 바라보며 문어가 잡히기만을 기다렸다.

"아버님, 문어가 걸렸는지 안 걸렸는지는 어떻게 아세요?"

"문어가 걸리면 부표 움직임이 다르다고."

동해 바다라 파도도 제법 쎄고, 바람까지 불어 부표가 이러저리 흔들려 잘 보이지도 않는데, 아버님은 신기할 정도로 문어가 걸려있는 부표를 찾아내셨다. 아버님은 움직임이 다른 부표로 배를 몰고 간 다음, 손으로 조심스럽게 부표를 건져 올리셨다.

낚싯줄을 걷어 올리시는 아버님의 자세가 사뭇 진지했다. 끝에 문어가 걸려있어도 걷어 올리는 과정에서 문어가 떨어지면 말짱 꽝이기(?) 때문이다.

"배 위에 올라오기 전까지는 잡힌게 아니야."

아버님은 거친 바다 위에서 섬세한 손길로 낚싯줄을 걷어 올리셨다. 찰나의 순간, 긴장감마저 맴돌았다. 배 위에서 내가 도울 수 있는 일은 딱히 없었기에, '민폐만 되지 말자'라는 생각으로 아무 말도 없이 그저 조용하게 그 순간을 지켜보았다.

긴장감을 깨는 기합 소리와 함께 문어 한 마리가 모습을 드러냈다.

"그렇지!!"

"우와아아아!!!"

드디어 기다리고 기다리던 문어가 올라왔다. 문어가 잡히니 진지했던 아버님의 표정에도 미소가 번졌다. 싱싱한 문어는 곧장 아이스박스로 직행했다. 잠시 후, 또 다른 부표에서 신호가 왔다.

"그렇지!!"

또다시 힘찬 기합 소리와 함께 두 번째 문어가 올라왔다. 아버님은 문어가 잡힐 때마다 활기찬 에너지를 뿜어내셨고, 아버님이 좋아하시는 모습에 나도 덩달아 즐거워졌다. 그렇게 이날 총 5마리의 문어가 올라왔다. 어느덧 해는 중천에 떠있었고, 아버님이 밥을 먹자고 하셨다. 이날은 특별히 나를 위해 라면을 끓여 주신다고 하셨다. 그것도 갓 잡은 문어를 넣은 '통문어 라면'. 이날 잡았던 문어 중 한 마리가 냄비에 통째로 들어갔다.

"잘먹겠습니다!"

싱싱한 문어는 쫄깃한 식감과 함께 풍부한 감칠맛을 자랑했다. 바다 위에서 먹는 문어라면이라니... 낚시를 좋아하거나 해산물을 좋아하는 사람이라면 누구나 상상해봤을 부러운 장면이다.

"우와 아버님 너무 맛있어요!"

"많이 먹어."

"네! 감사합니다. 근데 아버님, 아버님도 문어 자주 드세요?"

"자주 먹긴, 팔아야지! 오늘 네가 온다고 해서 특별히 준비한 거다."

"감사합니다!"

황홀한 선상 위에서의 식사를 하며 아버님과 대화를 이어갔다.

"아버님, 오늘 이 정도면 문어 많이 잡은 건가요?"

"그렇지. 요즘 5마리면 많이 잡은 편이야."

"보통 몇 마리 정도 잡으세요?"

"대중없지, 새벽 4시에 나와서 점심때까지 한 마리도 못 잡을 때도 있고…"

"문어는 용왕님이 주셔야 잡을 수 있는 거야."

문어잡이는 양식업이나 농사와는 다르게 철저히 그날의 운에 맡긴다. 문어가 많이 잡히는 날에는 기분이 좋게 집으로 돌아오지만, 문어가 잡히지 않거나 날씨가 좋지 않아 허탕을 치고 돌아오는 날도 많다고 하셨다. 아버님의 말씀대로 용왕님의 선택을 받아야만 문어를 잡을 수 있는 것이다. 내가 노력한다고 더 많이 잡을 수도 없다. 그렇기 때문에 아버님은 욕심을 버리고 배를 타야 한다고 말씀해주셨다. 문어잡이 배만 있으면 큰 돈은 아니더라도 먹고살기에 충분하기 때문에 만족하신다는 아버님.

"욕심을 버리면 뱃일도 할만해."

2018.06.12-06.18

속초 아바이마을에서

속초

이거 아이 먹어봤니?

속초 아바이 마을

가자미식해, 어라면, 임연수어 애찌개. 속초 아바이 마을에 머무는 동안 먹은 음식들이었다. 속초 아바이 마을은 남북 전쟁 당시 고향을 잃은 실향민들에 의해 생긴 마을로, 말투나 음식에 이북의 느낌이 고스란히 남아있는 곳이었다. 나는 속초 아바이 마을에 머무는 동안 새벽에는 바다에 나가 문어잡이 조업을 도와드리고, 배에서 돌아온 다음에는 문어잡이 배를 소개시켜주신 어머님의 식당에서 식당일을 도와드렸다. 그곳에서 일하며 숙식을 제공받았는데, 이곳에서 먹었던 음식들은 내가 지금까지 먹어보지 못했던 색다른 맛을 느끼게 해주었다.

이 마을은 고향이 함경도였던 분들이 많이 거주하셨던 만큼, 아직까지도 함경도 스타일의 음식이 많이 전해져 내려왔다. 대표적인 예로는 가자미식해가 있었다. 좋아하는 사람들은 정말 좋아하지만, 가자미식해에 대한 정보가 없는 사람들은 이 음식이 어떻게 생겼는지조차 상상할 수 없을 것이다.

크기가 작은 참가자미를 각종 양념과 조밥을 이용하여 삭힌 후 먹는 가자미식해는 새콤하고 쿰쿰한 맛이 마치 묵은지 같은 느낌이었다. 나도 이름은 들어봤지만 실물은 처음 접해보는 음식이라 맛이 정말 궁금했었는데, 이곳에 와서야 처음으로 그 맛을 볼 수 있었다. 나는 생선을 좋아하고 쿰쿰한 묵은지를 좋아하는 편이라 정말 맛있게 먹었지만, 식당을 찾은 대부분의 손님들은 입맛에 안 맞는 듯 보였다. 만드는 과정도 번거로워 귀한 음식에 속하기 때문에 가격도 저렴한 편은 아니지만,

사람들은 처음보는 메뉴에 호기심을 가지고 주문을 했다. 하지만, 대부분 손님 상에 나간 가자미식해는 남겨졌고, 그것은 곧 나의 반찬이 되었다. 이 외에도 아바이 순대 국밥, 함경도식 오징어 젓갈, 임연수어 애찌개, 어(魚)라면 등 지금껏 내가 접해보지 못했던 음식을 먹다보니, 아바이 마을에 대해 더욱 궁금증이 생기기 시작했다.

마침, 8살 때 가족과 함께 함경남도에서 이곳 아바이 마을로 피난을 오셨다는 한 어머님을 만나 뵐 수 있었다.

"예전에는 여기가 다 모래사장이었어~"

피난민들이 처음 온 아바이 마을은 아무것도 없는 모래사장이었다고 하셨다.

"우리가 처음 이곳에 왔을 때는 정말 아무것도 없었어. 그래서 연탄재를 이용해 땅을 다졌다고. 그렇게 모래사장 위에 연탄재를 매꿔서 땅을 만든거지. 그 이후에는 먹고 살기 위해, 별의별 일을 다했어."

"게다가 여기 처음 왔을 때는 또 흉년이 들어가지고, 진짜 다들 고생 많이 했다... 말도 마."

과거를 회상하시며 내쉬는 어머님의 한숨에 그간의 세월동안 겪은 모든 것들이 섞여있었다.

"이런 아바이 마을에 관광객들이 오기 시작한 건 언제부터 였어요?"

"1박 2일!"

아바이 마을은 이전에도 미디어 매체에 노출이 되었지만, 1박 2일 프로그램에 방영된 이후 급격하게 관광객이 증가했다고 하셨다. 그러면서 마을에 새 건물도 생기고, 전에 없던 음식점들이 갖춰지면서 지금의 아바이 마을이 생겨났다고 한다.

"1박 2일 프로가 고맙지. 가난하게 살던 아바이 마을 사람들에게 돈을 벌게 해 주었으니까. 그런데, 이제는 예전에 이북에서 오신 분들은 대부분 돌아가시고 안 계셔. 이제 대부분 객지에서 온 사람들이지."

지금은 대부분 객지에서 온 사람들이 장사를 하며 돈을 벌고 있지만, 아바이 마을의 기반을 마련한 것은 이북에서 온 실향민들이었다. 그분들이 이곳에서 기반을 마련하고 버티고 있었기에 지금의 아바이 마을이 탄생된 것이 아닐까? 아직까지도 이북 사투리와 음식이 남아있는 이곳 아바이 마을. 앞으로도 실향민들의 노고를 잊지 않고, 아바이 마을만의 특색을 잘 지켜나갈 수 있기를 바란다.

2018.06.12-06.18

속초 아바이마을에서

양양

결국 먼저 집에 왔다니까
과수 농가의 휴가

날이 본격적으로 더워지는 느낌이었다. 옥상에서 텐트를 치고 잤던 나는 텐트 안으로 쏟아지는 강렬한 햇빛 때문에 더 이상 잠을 잘 수 없었다. 찜통 같은 텐트 안을 벗어나니 상쾌한 아침 공기가 나를 맞이해주었다. 옥상 위에서 아래를 바라보니 배 나무와 복숭아 나무가 널리 펼쳐져 있었다.

강원도 양양에서 배와 복숭아 농사를 짓고 계신 아버님과 어머님은 아침 일찍부터 일을 시작하신 모양이다. 내가 옥상에서 내려오니 식탁에는 어머님이 미리 준비해주신 아침밥이 차려져 있었다. 든든한 아침을 먹고 내가 할 일을 '배 봉지 씌우기'였다. 배는 크는 동안 병충해 피해가 많은 편인데, 아직은 작고 귀여운 새끼 배(?)였기 때문에, 앞으로 크는 동안 피해가 생기지 않고, 색깔이 잘 나올 수 있도록 모든 배에 종이 봉지를 씌워주는 작업이 필요했다. 이 작업은 배 농가에서 가장 손이 많이 가는 작업 중 하나로, 반복 노동의 끝판왕이었다. 작은 크기의 배들은 나무 가지 사이사이에 숨어있었기 때문에, 하나라도 놓치지 않고 봉지를 씌워야했다. 또, 어떤 배는 나무 위에 높이 달려있어 긴 사다리를 타고 올라가 곡예를 하듯 작업해야 했다.

'이 많은 배를 일일이 작업 해야 한다니...'

"나는 배 농사하면서 이게 제일 힘들어."

아버님은 섬세한 작업이 필요한 봉지 씌우기가 1년 과수 농사 중에 가장 힘들다고 하셨다.

"그래도 과일 농사는 이런 작업만 끝나면, 밭농사에 비해 시간적 여유가 있을 것 같은데 어떠세요?"

"완전히 그런 것도 아니야, 과수나무는 계속 신경 써주지 않으면 다음해 농사를 망치기 쉬워."

"밭농사는 한 해 농사가 안되면, 그 해 농사만 망친게 되지만, 과일나무는 한 번 죽으면, 이후 계속 농사를 지을 수 없잖나... 5~6년에 걸쳐 자란 나무가 죽으면, 이후 몇 년간 농사를 짓지 못하기 때문에 타격이 크다고... 게다가 태풍 같은 천재지변에도 약하고..."

"과수농가는 밭농사에 비해 일이 더 쉬울 거라고 생각했는데, 그런것도 아니네요."

"그렇지. 그래도 겨울은 여름에 비해서 작업할게 많진 않은데, 겨울 시즌 동안 나무 관리를 잘 해줘야 다음 해 농사를 잘 지을 수 있어. 그렇기 때문에, 맘편히 어디 놀러 가지도 못해. 한 번은 겨울에 가족끼리 여행을 갔는데, 하필 그 날 날씨가 너무 안 좋은 거야. 가족들은 다들 신경 안 쓰고 노는데, 나는 밭에 있는 나무들이 너무 걱정되더라고. 그래서 결국엔 집에 먼저 왔다니까."

2018.06.18-06.21

강원도 양양에서

강릉

날씨가 가물어 예민해

가뭄

2018년, 유난히도 더웠던 여름. 나는 강원도 강릉으로 발걸음을 옮겼다. 정확히 정해진 목적지는 없었지만, '강원도하면 감자 아닌가?' 라는 단순한 생각에 드넓은 감자 밭에 가보고 싶었다. 버스를 타고 도착한 강릉 터미널에서 나오니, 터미널 바로 앞에 위치한 인포메이션 센터가 눈에 띄었다. 나는 무언가에 이끌리듯 인포메이션 센터로 향했다.

"감자 밭이 많은 곳에 가보고 싶은데, 어디로 가면 될까요?"

"어떤 것 때문에 그러시죠?"

나는 내가 어떤 여행하고 있는지 말씀을 드리고, 강원도에 왔으니 감자 밭에 가서 일손을 돕고 싶다고 전했다. 내 이야기를 듣고 있던 직원 중 한 분이 말씀하셨다.

"여기서 버스를 타고 한시간 정도 가시면, 고랭지 감자 마을이 하나 있는데 그곳에 가보시면 될 것 같아요. 마침 저희 삼촌이 그곳에서 농사를 짓고 계신데, 원하시면 연결해드릴까요?"

"그래주시면 너무 감사하죠!"

직원분은 어디론가 전화를 거셨다. 하지만, 직원분의 삼촌께서는 농사일 때문에 바쁘신지 전화를 받지 않으셨다.

"지금 아마 바쁘셔서 전화를 못 받으시는 것 같은데, 제가 위치 알려드릴 테니까 한번 가보시겠어요? 제가 삼촌한테 연락해놓을게요."

'음...'

연락이 되지도 않은 곳에 무작정 찾아 간다는 것은 시간 낭비가 될 수도 있었다. 게다가, 그 마을에 들어가는 버스는 하루에 3대뿐이었다. 곧, 점심에 출발하는 버스가 올 예정이었기에 빠른 결정을 내려야 했다.

'에라 모르겠다. 일단 가보자.'

"네, 일단 그 마을로 가는 버스를 타고 가보겠습니다. 삼촌 분과 연락되시면 전화 주세요!"

"네, 전화 드릴게요~"

"감사합니다!"

고랭지 감자 밭으로 가는 버스는 시내를 벗어나 산골짜기로 올라가기 시작했다. 차멀미를 하지 않는 나조차도 멀미를 할 것 같은 느낌이었다. 구불구불 이어진 도로를 지나 어느덧 해발이 높은 곳에서 한 마을이 모습을 드러냈다. 좌 우 창 밖으로 끝없이 펼쳐진 감자 밭이 시선을 사로잡았다.

'우와, 우리나라에 이렇게 큰 감자 밭이 있구나.'

역시, 우리나라의 감자 주산지다운 모습이었다. 핸드폰 지도를 보니, 강릉 '안반데기 마을'이라는 곳을 지나고 있는 것 같았다. 긴 여정 끝에 마지막 정류소에 도착한 버스는 남아있는 모든 승객을 비워냈다. 버스에서 내리자마자 전화가 걸려왔다.

"죄송한데, 저희 삼촌이 부담스럽다고 하시네요. 죄송해요..."

"아... 어쩔 수 없죠. 괜찮습니다!"

'버스를 타고 한 시간이나 넘게 들어왔는데, 이제 어떡하지?'

시내로 나가는 버스는 저녁에 있었기 때문에, 나는 마을 주변을 다니며 일손이 필요한 곳을 찾아보기로 했다. 차도 많이 다니지 않는 마을에서 이동 수단은 오직 두 다리뿐이었다. 나는 마을 이장님들을 찾기 위해 무작정 마을회관으로 가보았다. 마을회관은 썰렁했다. 주변 가정집에 가보아도 아무런 인기척이 느껴지지 않았다.

'마을분들이 다 어디 가신 거지?'

한참을 돌아다니다 보니, 마을 주민분을 만나 뵐 수 있었다. 혹시나 하는 마음에 일손이 필요하신지 여쭈어 보았다.

"지금은 도와줄 게 없어요. 다른데 한번 가봐요."

다른 마을회관으로 가던 도중, 때마침 트럭 한 대가 지나가길래, 히치하이킹을 시도해보았다. 트럭은 다행히도 내 앞에서 멈춰서 주었다.

"안녕하세요!"

"어디까지 가?"

"OO 마을회관이요."

"거긴 왜?"

"마을 이장님을 만나 뵈려고요."

"그래? 내가 마을 이장인데?"

"네?"

정말 운이 좋았다. 우연히 히치하이킹을 했는데, 이분이 마을 이장님이라니. 자초지종을 설명드렸더니, 이장님은 아마 이 마을에선 일손 구하기가 힘들 것이라고 말씀해주셨다. 이번 여름 날씨가 너무 더워 올해 감자 농사가 흉년이 될 것이라는 말씀이었다.

"올해 날씨가 너무 덥고 가물어서, 감자가 다 말라버렸어."

이장님의 말을 듣고나서 감자 밭을 자세히 보니, 정말 감자 잎이 싹 다 말라있었다.

"일단 지금 감자 농사짓는 곳에 가고 있는데 같이 가보자고."

"네!"

이장님과 도착한 한 농가. 마침 작업을 마치고 내려오시는 어르신들이 보였다. 인사를 드리고, 혹시나 일손이 필요하신지 여쭈어보았다.

"에휴, 도와준다니 고맙긴한데, 지금은 할 일이 없어요. 며칠 동안 비가 안 와서 큰일이야."

"밭에 물을 뿌려주면 안되나요?"

"이 넓은 땅에 일일이 뿌려줄 수가 없어. 그리고, 어중간하게 뿌렸다가는 오히려 감자 잎이 더 말라버려."

"에휴, 이번엔 감자 농사 안돼. 안돼... 틀렸어..."

어르신들은 애꿎은 하늘을 바라보며 낙담하셨다. 결국, 나는 이날 이곳에서 일손을 구하지 못했다. 이제 다시 시내로 돌아가야만 했다. 돌아가는 버스정류장까지 태워주신 이장님이 말씀하셨다.

"미안하게 됐네. 이번에 날씨가 가물어서 마을 사람들이 다 예민해. 이곳은 다 감자 농사 짓는 곳인데, 농사가 제대로 된 곳이 하나도 없거든... 다음에 좋은 기회가 되면 오게나."

"네, 감사합니다."

나는 비 오는 날씨보단 햇볕이 쨍쨍한 여름 날을 좋아한다. 비가 오면 우산을 써야 하고, 비로 인해 습해진 공기는 기분마저 꿉꿉하게 만들기 때문이다. 그래서 비가 오는 날이면, 애꿎은 날씨를 탓하며 귀찮아 했다. 하지만, 누군가에게 비는 아주 소중한 존재였다. 비가 오지 않으면, 몇날 몇일을 하늘만 바라보며, 기도하는 분들이 있다는 것을 새삼 느끼게 되었다.

농사는 하늘이 짓는다는 말이 있을 정도로, 농사에 있어서 날씨는 가장 중요한 요소 중 하나이다. 이럴때는 인간이 날씨를 조종할 수 있다면 얼마나 좋을까?라는 생각이 든다. 내년에는 감자를 키우시는 마을분들이 활짝 웃을 수 있길 바란다.

2018.06.21

강원도 강릉에서

강릉

자연에는
인간의 기술이 들어가면 안 돼

행복한 유산양들

꿀꺽꿀꺽. 캬~

산양유 한잔으로 아침을 시작했다.

"우와~ 너무 고소한데요?"

강원도 강릉에서 유산양을 키우시는 아버님은 매일 아침 산양유와 함께 하루를 시작하셨다. 유산양이란 유(乳, 젖 유). 즉, 산양유를 얻기 위해 키우는 산양이다. 아버님과 함께 시작한 아침 일과는 수수와 조 파종하기. 아버님은 가을에 수확 예정인 수수와 조를 친환경으로 재배하신다고 하셨다.

"아버님 친환경으로 농사를 시작하시게 된 계기가 있나요?"

"유산양들에게 주려고 시작했지."

"아, 판매하시는 게 아니에요?"

"판매도 하긴 하는데, 대부분 산양들이 먹지."

이어서 시작된 작업은 살구와 매실 줍기. 아버님 댁 주변에 크게 자리 잡고 있는 살구나무와 매실나무는 과실이 너무 많이 달려있어 나무

스스로 열매를 땅으로 털어내고 있었다. 덕분에 나무 주변 수풀에는 잘 익어 떨어진 살구와 매실이 가득했다. 나는 아버님이 주신 하얀 통을 들고 떨어져 있는 살구와 매실을 주워 담기 시작했다.

"이거 너무 아까워서 어떡해요?"

"산양들이 먹을거야."

"걔네들이 이런 것도 먹어요?"

"엄청 좋아하지."

아버님은 살구와 매실을 조금 더 가져가야 한다며, 막대기를 이용하여 살구와 매실을 털어내기 시작했다.

"아버님은 안 드세요?"

"난 안 먹지. 다 산양들 주는 거야."

맛이 없어 안 드시는 건가? 떨어져 있는 살구를 하나 주워 맛을 보았다. 은은하고 달콤한 살구향이 입속에서 퍼지는게 꽤나 맛이 좋았다. 주변에 사시는 동네 주민분들도 가끔 이곳에 찾아와 살구와 매실을 주워간다고 하셨다. 하지만, 아버님은 수확하시는 모든 것들을 유산양에게 주셨다.

"아버님은 왜 안 드세요?"

"친환경으로 재배한 곡물과 과일들을 유산양들에게 주고, 나는 걔네들이 주는 산양유를 마시면 돼. 그럼 다~ 먹은 거지."

나는 아버님의 신기한 이론에 묘하게 설득되었다.

"그렇네요?"

"산양들이 어떤 걸 먹었느냐에 따라 산양유의 맛도 달라져."

몸에 좋은 것들은 다 먹고 지내는, 호강이란 호강은 다하고 사는 산양들이 궁금해지기 시작했다. 주운 살구와 매실을 트럭에 한가득 싣고, 귀하신 그분들(?)이 지내는 곳으로 가보았다. 트럭에서 내린 아버님은 울타리에 안에 있는 산양들을 불러 모으기 시작했다.

"워이~ 워이~ 밥 먹자~"

산양들은 곡물 가루와 함께 섞인 살구와 매실을 빠른 속도로 먹어치우기 시작했다. 항상 느끼는 것이지만, 동물들은 '먹다'라는 행위에 자신의 모든 에너지를 쏟아붓는 것 같다. 먹이 활동을 끝낸 산양들은 아버님과 함께 산책을 나갔다. 매일 오후 4시만 되면 산책을 하는데, 산양들이 항상 다니는 코스가 정해져 있다고 하셨다. 산양들은 자신들의 코스를 이탈하지 않고 산책로를 걸어다니며, 주변에 있는 풀들을 먹기 시작했다. 아버님은 산양 무리 뒤에서 속도를 맞춰 따라다니시며, 혹시나 코스를 이탈하는 애들이 있는지 살펴보셨다. 나도 아버님을 따라 산양 무리를 따라다녔다. 마치, 양치기 소년이라도 된 것 같은 기분이다.

"한 40분에서 1시간 정도 산책을 하고 오는데, 시간이 되면 얘네들이 알아서 집으로 돌아와."

아버님 말씀대로 산양들은 알아서 산책을 하며 돌아다녔다.

"우린 여기 앉아서 쉬자고."

"나는 이 시간이 제일 좋아."

하루의 일과 중 산양과 산책하는 이 시간이 가장 좋다는 아버님의 말씀에서 산양을 진심으로 사랑하시는 마음이 느껴졌다. 나는 저 멀리 풀을 뜯고 있는 산양들을 바라보며, 아버님과 이야기를 이어나갔다.

"저 산양들은 주인을 잘 만나서 정말 호강하네요."

"허허. 저보게 얼마나 아름다운가? 자연속에서 마음껏 돌아다니는 산양들이 정말 행복해보이지 않는가?"

"네, 아버님 말씀대로 자연 속에 있는 산양들이 정말 행복해 보여요."

"그럼 그럼. 동물이 곧 자연이기 때문에, 동물은 자연 속에서 자라야 해."

"자연에는 인간의 기술이 들어가면 안 돼."

2018.06.21-06.26

강원도 강릉에서

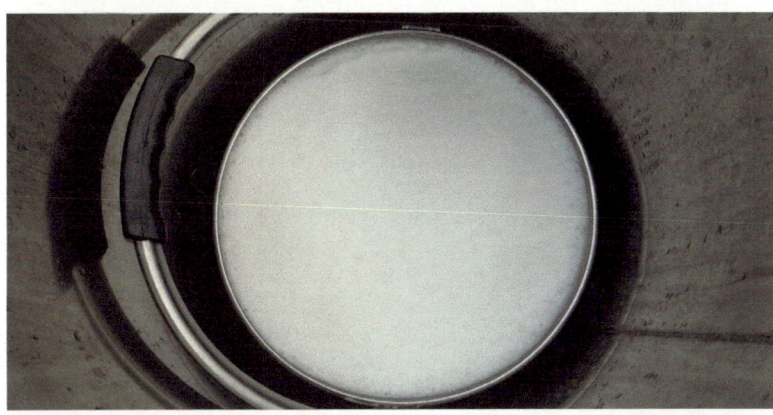

강릉

여기 감자전 하나 주세요

마을 먹거리 장터

"여기 묵사발 하나랑, 감자전 하나 주세요~"

"여기 국수 세 그릇이요~"

점심시간이 되자 먹거리 장터에 사람들이 모여들기 시작했다. 10년 넘게 마을 부녀회에서 운영하고 있다는 강릉의 한 먹거리 장터. 메뉴는 간단했다. 감자전, 잔치국수, 묵사발, 묵무침 그리고 닭발이 전부였다. 사람들이 가장 많이 찾는 감자전과 잔치국수는 하루 종일 쉴 틈 없이 판매된다고 하셨다.

"이장님, 생각보다 손님들이 정말 많이 오네요?"

"이따 저녁에 한 번 봐봐. 지금보다 더 온다고."

오후 늦게까지 산양 목장에서의 일과를 마치고, 다시 찾은 마을 먹거리 장터. 이장님 말씀대로 점심시간보다 훨씬 많은 손님들이 자리를 잡고 있었다. 마치, 모든 마을사람들이 하루 일과를 마치고, 이곳 마을 먹거리 장터에서 하루를 마무리하는 것처럼 보였다. 각 테이블마다 국수와 감자전 그리고 막걸리 병이 가득했다. 테이블에 음식과 술이 가득할수록 부녀회 어머님들은 홀과 주방에서 정신없이 움직이고 계셨다.

쉴 틈 없이 감자 껍질을 벗기고 계신 어머님들, 껍질 벗긴 감자를 강판에 갈고 계신 어머님, 감자전을 부치는 어머님, 국수를 삶고 계신 어머님, 설거지를 하고 계신 어머님, 음식을 나르는 어머님, 상을 치우는 어머님. 계산을 담당하고 계신 어머님. 말하지 않아도 호흡이 척척 맞는 어머님들 덕분에 마을 장터 분위기가 활기를 더했다.

"어머님, 이 장터가 운영된지 얼마나 된 거예요?"

"한 10년 넘었을걸?"

오랜 기간동안 유지되어 온 이곳 먹거리 장터는 10년이 지나도 크게 변함 없는 가격으로 꾸준한 인기를 끌고 있었다. 감자전 3000원, 잔치국수 3000원, 묵사발 3000원, 묵무침 5000원, 닭발 5000원. 모든 메뉴가 5000원을 넘지 않는 착한 가격이다. '싸고 맛있는' 아주 이상적인 장터의 모습이었다.

"이장님, 그래도 가격이 너무 싼 거 아닌가요?"

"안 그래도 가격을 올릴까 생각해보기도 했는데, 마을에서 장터를 통해 돈을 벌기보다는 마을 사람들끼리 같이 일도 하고, 얼굴도 보려고 하는 거니까 그냥 안 올리기로 했어."

여름부터 추석 전까지 약 3~4달간 운영한다는 마을 먹거리 장터. 이제는 마을 사람들 뿐만 아니라, 저 멀리 다른 마을에서도 소문을 듣고 찾아 온다고 하셨다. 가끔은 너무 바빠져 조금 힘들 때도 있지만, 마을 장터 덕분에 마을 분위기가 정말 좋아졌다고 말씀하시는 부녀회 어머님들.

"많이 먹고가~"

"네~"

드디어 내 앞에도 감자전과 잔치국수가 올라왔다. 대부분의 재료가 마을 주변에서 나온 것이니, 맛이 없을 수가 없다. 후루룩 들이키는 국수의 진한 육수와 감자전의 쫄깃한 식감을 맛보니, 이곳이 왜 유명해졌는지 알 것 같았다. 이 맛에 이 가격이면 누구라도 올 것 같았다. 배가 고파 정신없이 먹고나니 다시 주변이 보였다. 저녁 늦게까지 이어진 장터는 정말 바빠보였다. 밥도 얻어 먹었겠다, 나도 감자 깎는 일을 도와드리기로했다. 주방에서는 어머님 세분이 분주하게 수 많은 양의 감자를 깎고 계셨다.

"저걸 다 깎으신거예요?"

"그럼! 그래도 같이하면 금방해~"

"힘들지 않으세요?"

"힘들어도 다같이 하니깐 재밌어. 총각도 여기와서 같이 해봐~ 얼마나 재밌나~."

비록 일은 힘들 수 있지만, 재밌다고 웃으시며 행복해하시는 마을분들의 모습을 보니, 대학 축제에서 진행하는 주점이 생각났다. 젊은 대학생들의 주점보다 더 밝은 에너지가 넘쳤던 강릉의 한 마을장터에서 활기찬 기운을 받고 가는 것 같다.

2018.06.21-06.26

강원도 강릉에서

삼척

소비의 쾌락

숙소와 돼지갈비

강원도 강릉에서 삼척으로 이동했다. 전날 보았던 뉴스 기상 예보는 정확했다. 삼척 터미널에 도착하자마자 미친 듯이 비가 쏟아져내리기 시작했다. 장마가 시작된 건가? 다음에 일할 농가를 찾지도 못하고 무작정 내려 왔는데, 큰일이다. 일단 피신을 하기 위해 근처 PC방으로 향했다.(가격 대비 가장 오랜 시간 동안 있을 수 있는 곳이다) 컴퓨터를 켜고, 인터넷을 통해 근처에 갈만한 농가나 어촌이 있는지 알아보았다. 여러 군데 전화를 돌리며 허락을 구했지만 동의를 얻어내지 못 했다. 비는 멈추지 않았고, 일도 구해지지 않았다... 시간이 지날수록 일 구하기가 힘들어졌다. 비가 너무 많이 내리고 있어, 다른 곳으로 이동할 수도 없었고, 밖에서 텐트를 치고 자기도 힘들어 보였다.

'오늘은 숙소를 잡아야겠다.'

나는 터미널 바로 근처에 위치한 숙소로 들어가 방 하나를 잡았다. 여행 처음으로 돈을 지불하고 잠을 자게 되었다. 비상금이 생각보다 이른 시기에 지출되어 아쉬웠지만, '며칠 동안 지쳤던 몸을 쉬게 하자'라고 생각하며, 지출에 대한 합리화를 했다. 먼저, 비에 쫄딱 젖은 옷을 갈아입고 침대에 누웠다.

'하, 편하다.'

역시, 돈을 쓰니 몸이 편하다. 이게 바로 돈의 맛인가. 몸이 편하니 스르르 잠이 쏟아졌다.

정말 오랜만에 긴 낮잠을 잔 것 같았다. 잠을 자고 일어나니, 저녁이 되었고 슬슬 배가 고팠다. 생각해보니 강릉에서 출발 하기 전 아침밥을 먹은 이후, 저녁시간이 되도록 아무것도 먹지 못했다.

'고기가 먹고 싶다...'

갑자기 특정 음식이 간절히 먹고 싶어 지면, 그게 바로 내 몸이 원하는 음식이다.(두번째 합리화) 이 날 하루 동안 비에 젖은 생쥐꼴로 돌아다녔던 나는, 작은 사치를 부리기로 결심하고 무작정 눈에 보이는 고깃집으로 들어갔다.

"몇 명이세요?"

"한 명이요."

"이쪽으로 앉으세요~"

생각해보니 살면서 '혼자' 고기를 먹으러 간 건 처음이었다. 돼지갈비를 주력 메뉴로 파는 이 식당에는 저녁 식사를 하기 위해 모인 가족 단위의 손님들로 꽉 차 있었다. 4인 테이블에 혼자 앉은 나는 돼지갈비 2인분을 주문했다. 혼자여서 그랬을까? 고기를 기다리는 시간이 굉장히 길게 느껴졌다. 사람들은 맞은편에 앉아있는 연인이나 가족과 함께 이야기를 주고받고 있었고, 나는 핸드폰만 이리저리 만지작거렸다.

잠시 후, 뜨겁게 달궈진 숯불과 함께 불판이 나오고, 이어 맛있게 양념된 돼지갈비가 나왔다.

"치이이익~"

불판에 올라간 고기가 먹음직스럽게 익기 시작했다. 정말 심하게 배가 고팠던 나는 고기가 익자마자 흰쌀밥과 함께 식사를 시작했다. 어느덧 내 시야는 불판 위에 올려진 고기로 좁혀져 있었다. 주위 신경은 쓰지 않고 정말 '열심히' 밥을 먹었다. 마치, 동물들이 먹이 활동에 모든 집중을 하듯이. 나는 식사를 마치고, 후식으로 계산대 위에 올려진 사탕을 입에 물고, 유유히 숙소로 돌아왔다.

돈을 거의 쓰지 않고 다녔던 이번 여행에서 숙소와 돼지갈비는 나에게 꽤나 큰 소비였다. 그래서인지, 오랜만에 소비의 쾌락을 느낄 수 있었다. 마치, 어린 아이가 생전 처음 돈이라는 것이 단순한 종이 조각이 아니란 사실을 알게 된 것처럼... 한껏 돈을 쓰고 들어와 침대에 누우니 그동안 내가 방문했던 농가들이 떠올랐다.

'농가에서는 오늘처럼 궂은 날씨에 무엇을 했을까...'

이유는 모르겠지만, 갑자기 농가에 계신 분들에게 죄송한 마음이 들었다. 침대에 누워있으니 몸은 편했지만, 이상하게 마음 한구석이 불편했던 밤이었다.

2018.06.26

강원도 삼척에서

태백

돈 줘도 안 하는 일을 왜 해?

초록 괴물 소탕 대작전

"아이고, 아이고."

평생 밭일을 하시느라 허리가 굽어진 할머니 그리고 마을 이장직을 맡고 계신 아버님. 모자(母子)가 함께 강원도 태백 산골짜기에서 친환경 산나물 농사를 지으시는 이곳은 산 중턱에 있는 고랭지 밭이었다. 말 그대로 산골짜기.

"우와 이런 곳에 밭이 있을 거라곤 상상도 못 했어요."

"그렇지? 강원도엔 이런데가 많아."

강원도 인제에서도 고랭지 밭에서 일을 했지만, 이곳은 한 수 위였다. 정말 말도 안 되는 곳에 드넓은 밭이 있었다. 아마 문명의 발전이 없었다면, 이곳은 세상과의 소통이 단절된 삶을 살았을 것이다.

푸른 하늘과 맞닿은 밭을 잠시 구경하고, 바로 작업이 시작되었다. 이날 필요한 작업은 잡초 제거. 이곳도 제초제를 사용하지 않고 친환경으로 산나물을 키우셨기 때문에, 잡초 뽑는 일이 가장 중요한 작업이었다. 사실, 나는 산나물에 대해 잘 몰랐기 때문에, 어떤게 산나물이고 어떤게 잡초인지 헷갈렸다. 다 잡초 같이 생긴 것 같기도 하고, 다 산나물처럼 생긴 것 같기도 하고...

할머니와 이장님은 나에게 어떻게 작업을 해야 하는지 알려주시고는 바로 밭을 매기 시작하셨다.(*밭을 매다: 잡초를 뽑다) 잡초 뽑는 일은 순한 작업이지만, 비탈진 밭에 쪼그려 앉아 일하다 보니, 슬슬 몸에 무리가 가는 게 느껴졌다. 특히, 허리와 무릎이 상상 이상으로 아파오기 시작했다.

"이장님, 이거 얼마나 걸릴까요?"

"글쎄? 여기있는 밭 다 해야지, 왜 힘들어?"

"아... 아뇨, 아직은 할만합니다..."

"원래 남자들은 쪼그리고 앉아서 작업하는 게 힘들어. 그래서 예전에 남자들은 이 작업을 안 했어. 힘쓰는 일만 했었지."

남자는 신체적인(?) 이유로 쪼그려 앉아 일하는 게 힘들다고 말씀해 주셨다. 듣고 보니 그런 거 같기도 하다. 하루 종일 앉아서 풀을 뽑다 보니, 다리가 터질 것 같은 느낌이 들었다.

'와... 너무 힘들다...'

나도 이렇게 힘든데 같이 일하시는 할머니는 얼마나 힘들실까? 하지만, 할머니는 나보다 훨씬 빠른 속도로 작업을 하고 계셨다.

나: "할머니, 안 힘드세요?"

할머니: "힘이 안 들긴 왜 안 힘들어, 아이고, 그냥 다 제초제로 해버렸으면 좋겠구만."

이장님: "아이고, 어머니 안된다니까!"

할머니(母)는 이제 연세도 있으시고, 일이 너무 힘들다보니, 밭 사이 고랑에 있는 풀은 제초제를 사용해 작업량을 줄이고 싶어 하셨다. 하지만, 친환경으로 생산하시려는 이장님(子)은 밭은 물론이고, 밭 주변에도 절대 제초제를 사용하면 안 된다고 하셨다. 일을 하면서도 모자간의 갈등은 계속되었다.

이장님: "제초제를 한 번 땅에 뿌리면 3년 이상 그 땅에 남아있어, 안전한 먹거리를 만들려면 제초제는 절대 안 돼."

할머니: "잡초 뽑는 일은 돈 줘도 안 하려고 하는데, 이걸 누가 다 뽑아?"

연세가 있으신 할머니의 말씀도 맞고, 이장님의 말씀도 맞았다. 친환경 먹거리를 위해선 화학 비료나 농약 그리고 특히, 제초제를 사용하지 않아야 한다. 하지만, 제초제를 쓰지 않으면 그만큼 많은 인력이 필요했다. 제초제를 이용해 풀을 죽이면 하루만에 끝날 일을, 손으로 직접 작업하게되면 4~5일 이상 해야하기 때문이다. 일꾼들도 이곳에서 제초작업을 한다고 하면 일하려고 하지 않아, 매일 두 분이서만 일을 한다고 하셨다.

실제로 직접 경험해보니, 잡초 뽑는 일은 수많은 농사일 중에서도 가장 힘든 작업에 속하는 것 같다. 놀라운 사실은 잡초가 자라는 속도가 너무 빨라서, 이 작업(잡초뽑기)을 2주 뒤에, 또 해야 한다는 것이다.

"이장님, 이렇게 힘드신데 친환경을 고집하는 이유가 있으신가요?"

"먹거리는 우리에게 아주 중요한거야. 이왕 먹더라도 몸에 좋고 안전한 걸 먹어야지."

"그런데, 아직 친환경 농산물을 찾는 사람이 많지는 않다고 하시던데요?"

"그래도, 이게(친환경) 우리가 나아가야 할 방향이야. 처음에는 내가 친환경 농사를 짓는다고 하니까, 주변에서 다들 미친 X이라고 했었어. 하지만 지금은 주문하는 사람들이 꽤 늘어났어. 이제 건강한 먹거리에 관심이 많아진다는 이야기지. 힘들지만 이분들을 위해서라도 계속해야해."

2018.06.27-07.02

강원도 태백에서

경상북도

안동

농사해보니 어떤가? 할만하던가?

피뽑기

드디어 강원도를 지나 경상북도로 이동했다. 경상북도의 첫 번째 목적지는 안동이었다. 나는 쌀, 애호박, 멜론, 딸기 등 다양한 농사를 지으시는 이장님 댁에 찾아가게 되었다.

"안녕하세요~"

"오~ 왔는가?"

처음 이장님께 전화를 드렸을 때, 간단하게 내 소개를 하고, 어떤 방식으로 여행을 하고 있는지 설명해드렸었다. 내 이야기를 가만히 들으시던 이장님이 말씀하셨다.

"일이야 만들면 되지요, 일단 한번 오세요."

그렇게 찾아간 이장님은 아주 유쾌하게 나를 맞이해 주셨다.

"농촌 체험을 하고 싶다고?"

"네, 밥만 주시면 농사와 관련된 어떤 일이든 도와드리겠습니다."

"사실, 지금은 딱히 바쁜 시기가 아니라 할 게 많지는 않아. 그냥 뭐 이야기나 하고 그러세."

농가마다 다르겠지만 여름 무더위가 시작되는 7, 8월은 대부분의 농가가 비교적 한가한 시기였다. 여름에 수확하는 작물이 아니면, 여름 시즌은 일년 중 가장 한가한 달이기도 했다.

"자네 패기가 맘에 들어서, 한번 보고 싶어서 오라고 한 거야."

"감사합니다!"

"그래도 일을 하고 싶어 하니, 내가 할 일을 한 번 찾아보지."

사실, 농가에 일손이 필요없다는 말은 거짓말이다. 농사일이 아니더라도 그간 농사일 때문에 하지 못했던 다양한 일들이 잔뜩이기 때문이다. 그렇게, 딸기 종묘장 잡초 제거를 시작으로 비닐하우스 차광망 작업, 애호박 수확 등 각종 작업이 내게 주어졌다.

이곳에서 일손을 도와드린지 삼일째, 이장님은 나에게 제대로 된 농사 체험을 시켜주시겠다고 하시면서 물장화 한 켤레를 건네주셨다.

"농사를 제대로 느껴보려면 논에 들어가봐야해."

이날 주어진 작업은 논에 자라난 피 뽑기였다. 피는 논이랑 아주 비슷하게 생긴 일종의 잡초인데, 벼 옆에 피가 자라면 벼에 필요한 양분을 다 빨아들여 벼가 제대로 자라지 못한다고 하셨다. 이장님 역시 쌀을 친환경으로 생산하고 계셨기 때문에, 제초제나 농약을 사용하는 대신, 우렁이를 풀어놓아 잡초가 자라지 않도록 하셨다. 하지만, 우렁이는 제초제 만큼의 역할을 하기엔 역부족이기 때문에, 무성히 자란 피를 일일이 뽑아줘야했다.

나는 생전 처음으로 벼가 자라 있는 논에 들어가 피를 골라내기 시작했다. 벼와 피를 구분하는 일은 쉽지 않았다. 어쩜 이리도 똑같이 생겼을까? 농부님들도 구분하기 힘든 게 벼와 피라고 하는데, 이 일을 처음

하는 나에겐 당연히 쉽지 않은 일이었다. 나는 행여라도 피가 아닌 벼를 뽑을까봐 걱정되어 집중해서 일을 하기 시작했다.

'이 넓은 논을 언제 다 하지?...'

무더운 여름, 땡볕 아래 농사일을 한다는 것은 쉬운 일이 아니었다. 물이 차있는 논은 발이 푹푹 빠져 한걸음 한걸음 내딛기도 힘들었고, 뜨겁게 내리쬐는 태양은 온몸을 땀으로 젖게 만들었다. 하지만, 나를 가장 힘들게 만들었던 것은 일을 아무리 해도 일한 티가 안 난다는 것이었다. 그렇게 2~3시간 동안 작업을 하고 나니 이장님이 나를 부르셨다.

"어떤가? 할만하던가?"

"덥기도 하고 벼와 피를 구분하는 것도 어렵고... 일일이 손으로 뽑으려니 정말 힘드네요..."

"예전에는 피 뽑는 일뿐만 아니라 모든 작업을 다 수작업으로 했으니 얼마나 힘들었겠나. 지금은 기술이 좋아져서 다 기계로 하지, 그래도 힘든 게 농사야."

과거의 농사는 얼마나 힘들었을까? 아무리 먹고 살기 위해 농사를 지었다지만 모든 작업을 인력으로만 해결했던 것이라면 얼마나 많은 사람들이 동원됐을까? 지금은 기계의 발전 덕분에 적은 인력으로도 작업이 가능하다고 하지만, '적은 인력'이라는 말은 결국, 인력이 필요하다는 말이다. 그렇기 때문에, 모든 농산물에는 농부님의 손길이 들어간다.

그러나, 우리는 농산물을 구매하면서 농부님의 손길을 느끼지 못한다. 나 역시도 직접 농사일을 체험해보기 전까지는 음식을 먹을 때 이 식재료들이 어디서 왔고, 어떻게 생산되었는지는 생각해본 적이 없었다. 직접 농사일을 해보니 농산물이 우리 식탁에 오기까지 얼마나 많은 정성이 들어가고, 얼마나 많은 손길이 필요한지 조금이나마 느낄 수 있었던 것 같다.

2018.07.02-07.08

경상북도 안동에서

안동

그냥 자연 습성 그대로 놔두는 거야

백봉 오골계

안동에서 만난 마을 이장님은 농사 이외에도 백봉 오골계라는 닭을 키우고 계셨다. 마을에는 이장님이 친한 동생이라고 부르시는 아버님 한 분이 계셨는데, 이분은 전문적으로 닭을 키우고 계셨다. 나는 이장님의 소개로 이분이 운영하시는 양계장에 가볼 수 있었다.

"우와~ 닭이 여기저기 막 돌아다니네요?"

"아주 자유롭지?"

이곳은 하얀 털에 검은색 벼슬이 특징인 '백봉 오골계'가 자연 방사 형태로 키워지고 있었다. 백봉 오골계라는 닭은 일반 닭에 비해 크기가 작고, 날렵한 게 특징인데, 겁이 엄청 많은 편이라 모르는 사람이 다가가면 이리저리 꽁무니를 빼느라 정신없이 돌아다녔다.

"아버님, 얘네들 잠 잘 시간이 되면, 어떻게 집(비닐하우스)으로 들여보내세요?"

"닭들은 해가 지면 각자 알아서 집으로 들어가."

아버님은 아침과 저녁, 하루 2번씩 이곳에 들어와 닭들이 낳아놓은 달걀을 가져가는 것이 하루 일과 중 하나라고 하셨다. 마침 아버님이

달걀 수집을 위해 양계장으로 들어갈 준비를 하고 계셨다. 나도 마스크, 장갑, 장화를 착용하고 아버님과 함께 닭이 있는 곳으로 들어가 보기로 했다. 안으로 들어가보니, 인간인 내가 닭들의 세계에 잠시 끼어든 느낌이었다. 닭들은 비교적 따뜻한 곳에 알을 낳고, 그 자리에서 계속 알을 품고 있었다.(위 사진에서 오른쪽에 보이는 까만색 통이 닭이 알을 품고 있는 장소다) 나는 닭들이 모여있는 곳에 손을 집어넣어 달걀을 빼내야했다. 처음 해보는 달걀 수집에 살짝 긴장이 되어, 조심스럽게 손을 집어넣었다. 콕콕! 닭이 나를 공격했다.

'감히?! 나를 공격해?'

마음 같아서는 한대 쥐어 박아주고 싶었지만, 가만 생각해보니 얘네들한테는 내가 침입자였다. 그래... 미안하다. 그들의 공격은 계속되었지만, 미안한 마음과 함께 그들의 공격에도 금방 익숙해졌다.

자연 방사로 키우는 닭이다 보니 항상 같은 장소에만 알을 낳는 것은 아니었다. 여기저기 숨겨져 있는 알을 찾느라 이리저리 둘러보며 자세히 살펴봐야 했다.

"계란이 여기저기 정말 많네요."

"많지. 잘 찾아다녀야해."

"이 많은 계란은 어떻게 다 판매하세요?"

"백봉오골계 알은 일반 계란이랑 비교하면 조금 비싼편이라, 아직은 찾는 사람들만 찾아. 백봉오골계가 많이 없기도 하고. 그래서 찾는 사람들에게만 판매하고 있어."

"어떤 사람들이 찾는거예요?"

"백봉 오골계란은 비린 맛이 적어서, 한번 먹어본 사람들이 계속 찾는 편이야. 그리고 자연 방사 형태로 키우기 때문에, 동물 복지랑 유정란을 원하는 소비자들이 많이 찾아."

유정란? 무정란? 많이 들어봤는데 사실 정확한 의미를 모르고 있어서, 차이점을 여쭈어보았다.

"유정란은 수탉과 암탉이 교미를 해서 나온 알로, 부화가 가능한 알이고. 무정란은 암탉이 혼자 낳은 알로, 부화가 불가능한 알이야. 의외로 많은 사람들이 유정란과 무정란의 차이점을 모르더라고."

아버님의 이야기를 들어보니, 유정란과 무정란의 차이는 부화가 가능하냐 불가능하냐로 구분될 수도 있지만, 더 중요한 것은 생산 방식이었다. 유정란을 얻기 위해서는 아버님처럼 닭을 풀어놓거나 넓은 사육장에서 키워야 한다고 했다. 하지만, 대부분의 양계 농가에서는 오직 달걀을 얻기 위해 닭을 아주 좁은 케이지(Cage) 안에 넣고 사료만 먹이며, 평생 달걀만 낳는 환경을 만든다고 한다. 움직일 수 없는 닭은 병에 약하기 때문에 항생제와 살충제를 사용하여 병을 예방한다고 한다.(이와 관련하여 생긴 것이 살충제 계란 파동이었다)

"아버님은 어떻게 자연 방사 형태로 키우게 되신거예요?"

"동물 복지에 관심이 생기면서 내가 키우는 오골계도 자연에서 키우고 싶어 시작하게 됐지."

"그럼, 자연 방사 형태로 키우시면 힘든 점은 없나요?"

"오히려 더 쉬워. 그냥 먹이 줄 때 먹이 주고, 한 번씩 잘 살펴주기만 하면 되거든. 그냥 자연 습성 그대로 놔두는 거야. 우리는 살충제, 항생제를 전혀 안 쓰거든. 닭이 그냥 여기저기 돌아다니면서 흙 목욕도 하고, 진드기도 떨어뜨리고... 뭐 고유 습성대로 키우면 약을 쓸 필요가 없어."

"대신 생산성이 떨어지지. 그래서 가격이 비싼 거고."

국내 유통되는 계란의 95%는 무정란이라고 한다. 대부분의 양계 농가에서는 효율적이고 빠른 생산을 위해 닭을 케이지에 가두고 달걀을 생산하도록 한다. 이렇게 나온 게 무정란이다. 무정란이 전부 나쁘다는 말은 아니다. 무정란 중에서도 항생제나 산란촉진제 같은 것이 쓰이지 않은 것도 있다. 그렇다면 유정란이 무조건 좋은 것이냐? 그것도 아니다. 유정란이 무정란보다 영양적 가치가 높다고 말할 순 없기 때문이다. 하지만, 이 둘의 차이점이 무엇이고, 어떤 방식으로 생산되는지 관심을 가지고 생각해본다면, 앞으로 계란을 선택할 때 조금은 고민이 될 것 같다.

2018.07.02-07.08

경상북도 안동에서

의성

불편함이 주는 안락함

나는 자연인이다

"우와, 미꾸라지네요?"

아침에 일어나 여기저기 논에 설치된 통발을 확인했다. 여긴 몇 마리, 저긴 몇 마리인지 확인하는 재미가 쏠쏠했다. 미꾸라지 잡는 것으로 하루를 시작하는 이곳은 경상북도 의성의 한 마을. 아버님 두 분이서 쌀농사와 미나리 농사를 지으시는 곳이었다.

아침에 잡은 미꾸라지는 큰 대야에 담아 무게를 쟀다. 그리곤 하나의 논에 모두 풀어놓았다. 미꾸라지를 이용한 친환경 논 시범사업이 진행 중이었기 때문에, 하루 일과의 시작은 항상 미꾸라지 잡기였다.(논에 미꾸라지를 키워 농가의 소득을 올릴 수 있는지 알아보기 위한 사업이었다)

다음 할 일은 아침 준비. 메뉴는 간단했다. 흰쌀밥, 닭뼈와 각종 약재를 넣고 끓인 닭곰탕 그리고 풋고추와 쌈장. 며칠째 계속 같은 메뉴였지만, 이상하게 질리지 않았다. 직접 농사지으신 쌀로 지은 밥은 탱글탱글 하면서도 깊은 단맛이 났고, 먹을 때마다 직접 따와야 하는 풋고추는 부드러우면서도 달큰한 맛이 식욕을 돋구웠다. 이 풋고추는 이분들이 비닐하우스 안에서 직접 키우셨는데, 이분들에게 풋고추는 주요 작물이 아니었기 때문에, 여기까지 신경 쓸 시간이 없었다고 하셨다. 덕분에(?) 이 풋고추는 자연스레 친환경 고추가 되었고, 매 끼니마다 아

버님들의 훌륭한 반찬이 되었다.

 아침을 먹고 시작된 비닐하우스 레일 설치 작업. 미나리 수확시기(겨울)에 일의 효율을 높이기 위해, 비닐하우스 위에 레일 설치를 한다고 하셨다. 하우스 안으로 들어가 작업을 하려는데, 뜨거운 여름날의 햇빛을 잔뜩 받은 비닐 하우스 안은 마치 찜질방 같았다.

 "아이고, 안되겠다. 좀 쉬었다 하자."

 더위를 피해 잠시 쉬려는데 마땅히 쉴만한 공간이 없었다. 아버님들은 집이 아닌 창고 안에서 모기장을 쳐놓고 생활하셨는데, 슬레이트 구조로 되어있는 창고 안 역시 햇빛을 받아 외부 온도보다 더 뜨겁게 느껴졌기 때문이다. 결국, 12시부터 오후 3시까지 햇빛을 피해 창고 바깥으로 나가있어야 했다.

 해가 떨어지자 다시 레일 설치 작업을 시작했다. 낮에 쉰 만큼 작업이 밤늦게까지 이어졌는데, 작업 자체도 힘들었지만, 무엇보다 하루 종일 흘린 땀 때문에 몸이 축 쳐진 느낌이었다. 밤 9시 30분, 칠흙같은 어둠속에서 드디어 하루 일과가 끝났다.

"고생했다."

"고생하셨습니다! 아버님, 저 샤워하고 싶은데 어디서 하면될까요?"

"밖에 지하수 설치된 곳이 있어. 거기서 하면 돼."

아버님이 설명과 함께 가리킨 곳은 논 한복판에 설치되어있는 지하수 펌프였다. 아무리 시골이라지만 논 한복판에서 샤워를? 그런데 가만히 생각해보니 하루 종일 이 논길을 지나다닌 사람이 한 명도 없었다. 그리고 이곳은 불빛이 없는 시골 마을이라 정말 어두웠다.

'에라 모르겠다. 어차피 아무도 안 지나다니고 어두워서 잘 보이지도 않으니까.'

나는 옷을 모두 벗고 밖으로 나갔다. 날은 더웠지만, 지하수는 차가웠다. 한여름밤에 뒷골 당기는 차가운 지하수로 샤워를 하니 머리 끝까지 정신이 확 깨는 것 같았다. 고개를 들어 어두컴컴한 하늘을 바라보니, 반짝거리는 별빛이 가득했다. 샤워하기엔 조금 불편했지만, 별빛이 가득 쏟아지는 자연 친화적 샤워장이라니... 이렇게 멋진 샤워장이 또 있을까? 수도 시설이 잘 되어있지 않아 물 마시기도 힘들고, 설거지와 샤워도 지하수로 해결해야 했고, 잠자는 곳 역시 가장 불편했던 이곳. 지내는 내내 몸은 가장 불편했지만, 이상하게도 가장 마음 편히 지냈던 곳이었다.

2018.07.08-07.12

경상북도 의성에서

김천

가짜 아들

피서

7월 초 어느 날. 포도와 자두로 유명한 김천의 한 포도 농가.

'하… 덥다… 정말 더워도 너무 덥다…'

이날은 밖에서 숨쉬기만 해도 숨이 턱턱 막히는 날씨였다.

"이런 날은 일 못해."

김천에서 홀로 생활하시며, 포도 농사를 지으시는 아버님은 날이 너무 덥다며 오전에 하던 작업을 멈추고 집으로 들어가셨다.

"아버님, 늦었지만 아침 식사하시죠."

"난 됐어, 난 나갔다 올 테니까, 알아서 챙겨 먹어 알았지?"

"네?"

아버님은 텃밭에서 따오신 가지와 오이, 감자 그리고 애호박을 탁자에 올려두시고는 뒤도 돌아보지 않으시고 쿨하게 밖으로 나가셨다. 아버님과 이야기하면서 친해지긴 했지만, 처음 보는 나에게 집을 맡겨두고 나가실 줄이야… 어찌 됐건 나는 아버님이 주고 가신 식재료로 음식을 만들었다.

아버님 댁에서 혼자 아침 겸 점심을 만들어 먹고, 오전 일과를 하는 동안 흘린 땀을 씻어내기 위해 샤워를 했다. 상쾌한 기분과 함께 졸음이 쏟아졌다. 몇 시간이 지났을까? 낮잠을 자고 일어난 나는 주위를 둘러보았다.

'아직 안 오신 건가?'

나는 홀로 바깥에 나가, 오전에 하던 작업인 포도 박스 접기를 다시 시작했다. 이날은 할 일이 많지 않아, 작업을 일찍 끝내고 집에서 쉬고 있었다. 마침 아버님이 들어오셨다.

"가짜 아들, 나랑 막걸리나 한 잔 할까?"(아버님은 내가 지내는 동안 나를 가짜 아들이라고 부르셨다)

"좋죠."

막걸리를 정말 좋아하시는 아버님은 막걸리를 드시며 포도 농사를 시작하게 된 계기, 혼자 사시게 된 이유 등 속 깊은 이야기를 꺼내셨다.

나도 이런저런 고민들을 이야기하며 깊은 대화를 이어갔다.

"가짜 아들! 내일은 오전에 할 일이 있는데, 그거 빨리 끝내고 맛있는 거 먹으러 가자고."

"네, 알겠습니다!"

다음날 아침, 포도에 영양제를 뿌려주는 작업을 시작했다. 영양제를 가득담은 등짐을 지고 비닐하우스 안을 이리저리 돌아다니고 있는데 아버님께서 나를 부르셨다.

"가짜 아들! 대충 정리하고 몸보신하러 가자."

"몸보신이요?"

"요 며칠 더웠는데 몸보신해야지."

그렇게 아버님은 나를 차에 태우고 동네 근처 슈퍼로 향하셨다. 이곳은 동네 주민분들의 사랑방 같은 곳이었다. 마을분들은 시간만 되면 이곳에 모여 이야기를 나누거나 화투를 치셨다. 지난번 나를 집에 두고 가셨던 곳도 바로 이 슈퍼였다. 아버님은 이곳에 계시는 분들과 함께 식사를 하러 가자고 하셨다.

"안녕하세요~!"

동네 어르신: "이게 누군가? 아들이야?"

아버님: "가짜 아들!"

그렇게 마을 어르신들과 함께 차를 타고 산 속 계곡으로 향했다.

"우와! 여기 정말 좋은데요?"

"그렇지? 많이 먹고 푹 쉬다 가자고."

아버님은 내가 무더운 며칠 동안 고생했다고 하시면서, 이날 같이 온 마을 주민분들 앞에서 크게 한턱을 내셨다. 넓쩍한 평상에 앉아 시원하게 흐르는 계곡물 소리를 들으며 먹는 닭백숙 맛은 무더웠던 여름을 용서하게 만들었다.

"밥 다 먹었으니 수박 먹자~"

식사를 마치니 어르신들이 준비해오신 수박 그리고 각종 주전부리들이 등장했다. 이런 곳에서 막걸리가 빠질 수 있으랴. 그렇게 몇 시간 동안 먹고 자고 쉬었다. 신선놀음이 따로 없었다. 생각해보니 무척 더웠던 이번 여름 동안, 농가를 돌아다니면서 일을 하느라 피서를 즐기지 못했었는데, 여행 기간 처음으로 휴식이 있는 피서를 즐겼던 것 같다.

"어때? 좋지?"

"네, 너무 좋아요. 정말 감사합니다. 아버님 덕분에 올해 피서를 제대로 즐기는 것 같아요."

"더운 날 일만 시키고, 밥도 제대로 못 챙겨줘서 미안하다."

사실, 할 일이 많지 않음에도 불구하고 나를 받아주셔서 정말 감사했었는데, 이런 말씀을 들으니 괜히 민폐만 끼쳤던게 아닌지 죄송한 마음이 들었다.

"나중에 또 김천 지나갈 일 있으면 꼭 놀러 와, 잊지 말고."

"네, 알겠습니다."

"올 때는 꼭 막걸리 한 병 사 오고!"

"네. 막걸리 한 짝 들고 오겠습니다! 대신 그때는 가짜 아들 말고, 아들이라고 불러주세요."

"그래, 가짜 아들."

2018. 07.13-07.17

경북 김천에서

칠곡

꽃을 든 남자
식탁 위의 꽃

'리시안서스?' 꽃 이름이다. 난 꽃에 대해 잘 알지 못한다. 정확히 말하자면 그다지 관심이 없다. 그런 내가 처음으로 화훼 농가에 가게 되었다. 경상북도 칠곡군의 한 마을. 칠곡은 전국에서도 화훼 단지로 유명한 곳이다. 친근한 이미지의 이장님은 나에게 화훼 농가 한 군데를 소개 시켜주셨다.

"꽃 농사하는데서는 일 안 해봤지?"

"꽃 농사요?"

이장님은 나를 비닐하우스가 쭉 펼쳐져있는 어느 농가에 데려다주셨다. 가만히 서있기도 힘든 더운 날씨에, 두꺼운 천으로 뒤덮여 있는 비닐하우스 안에서 화훼 농가 사장님이 빼꼼히 얼굴을 내미셨다.

"안으로 들어오세요~"

한창 꽃 묶기 작업을 하고 계신 비닐하우스 내부는 예상과는 다르게 서늘한 기온이었다.

"여기는 엄청 시원하네요?"

"그럼, 여기는 에어컨 틀어놓고 작업하니까."

온도가 높은 곳에서 작업을 하게 되면 꽃이 다 시들기 때문에, 햇빛이 차단된 공간에서 에어컨을 틀어놓고 작업을 해야 한다고 하셨다. 이렇게 더운 날씨에 덥지 않은 곳에서 일할 수 있다는 것만으로도 행복한 일이다.

'앞으로도 이렇게 시원한 곳에서만 일할 수 있다면...'

내가 이곳에서 도와드릴 일은 높이가 각기 다른 꽃을 정리하여 한 단으로 묶는 간단한 작업이었다. 먼저, 필요 없는 잎을 떼내어 보기 좋게 다듬고, 같은 길이로 맞춰 자른다. 잘 다듬어진 꽃은 8~10개로 맞추어 보기 좋게 묶어주고, 다발로 묶인 꽃들은 저온 창고에 비치된 물통 안에 꽂아 두면 작업 끝. 정말 단순한 작업이었지만, 작업을 계속 해도 작업량이 줄지 않았다. 작업이 끝날 즈음이면 사장님이 계속해서 새로운 꽃을 따 오셨기 때문이다. 일이 어느 정도 손에 익자 일하는 속도가 빨라지기 시작했다.

"너무 빠르게 할 필요는 없어. 꽃이 예뻐 보이게 만들어야지."

"꽃은 다른 농산물이랑은 다르게 눈으로 보는 것이기 때문에, 모양이 가장 중요해. 예쁘지 않으면 사람들이 절대 안 사가."

그렇게 이틀 동안 반복적인 작업을 하며 사장님의 농업 이야기를 들어볼 수 있었다. 사장님은 같은 마을의 형님 한 분과 함께 화훼 농업을 하고 계셨는데, 두 분이 어떻게 이 일을 시작하게 되었는지 궁금해졌다.

"사장님, 어떻게 화훼 농업를 시작하시게 되신 거 예요?"

"그냥 이것저것 하다가 여기까지 왔지. 왜? 안 어울리나?"

사실, 사장님은 꽃이랑 어울리는 이미지는 아니었다. 선명한 눈매와 다부진 몸을 갖고 계신 사장님은 아마 운동선수 출신이라고 했다면, 충분히 믿을 만한 이미지였다.

"아뇨. 아뇨. 그냥 궁금해서요. 농사 짓기 전에는 어떤 일 하셨어요?"

"나랑 형님은 원래 산업보일러, 전기 이런 쪽에서 일했었어. 그런데 점점 시간이 지나면서 생산 쪽으로 일이 집중이 되기 시작하면서, 우리가 하던 일이 돈이 안되더라고. 애는 크고... 그래서 이곳으로 내려와 농사를 지으려고 했지. 무슨 작목을 할지 고민했는데, 원래 이 지역이 주변에 강이 많아 물이 흐르던 지역이었어. 그래서 땅 밑에 모래가 많다고. 꽃을 키우기엔 최적의 장소지. 그래서 꽃을 시작하게 됐지."

"처음엔 어려움이 많으셨을 것 같은데, 어떠셨어요?"

"처음에 모종을 사와서 시작을 하는데, 모종 파는 사람들이 판매만 하고 생산 방법은 안 알려주더라고. 그래서 처음에는 그냥 시작해봤는데, 이게 꽃이 안 피는 거라. 처음엔 온도 관리도 못하고 그래서 수확량이 많지 않았지. 그런데, 계속하다 보니까 이제는 생산 방식을 조금 터득해서 생산량도 좋아졌지."

"그럼, 이제는 노하우가 많이 생기셨겠네요?"

"그렇지. 전에 비하면 수확량이 확실히 많이 늘었지. 그런데, 요즘에는 수입산 꽃 때문에 힘들어."

"우리나라도 꽃을 수입해요?"

꽃을 자주 사보지도 않았던 나에게는 국내에서도 꽃을 수입한다는 사실이 놀라웠다. 분명 꽃은 금방 피고 지는데 어떻게 수입을 하지? 그런데 사장님 이야기를 들어보니, 우리나라에서도 꽃을 수입할뿐만 아니라 수출도 많이 한다고 하셨다.

"우리나라에서도 꽃을 수입하기도 하고 수출하기도 해. 우리도 비수기 때는 매출이 대부분 수출로 나오는 편이야."

"꽃에도 성수기와 비수기가 있어요?"

"보통 우리나라는 겨울이 성수기고, 여름이 비수기야. 연말인 11월부터 연초 2월까지 행사가 많잖아. 연말 행사부터 졸업식까지. 그때 잠깐 동안만 판매량이 많고 그 이외에는 거의 없다고 보면 돼. 그래서 지금 수확하는 건, 꽃봉오리가 피기 전에 수확해서 외국으로 다 보내지. 그러면 그곳으로 가는 동안 개화가 돼서 팔리는거지."

"아, 바나나가 파란색일 때 수확해서 들어오는 거랑 같은 원리네요?"

"그렇지. 우리나라도 꽃을 주고받는 문화가 잘 형성되어 있다면, 다른 나라로 수출할 필요 없이, 내수 판매로만 수입을 낼 수 있을텐데. 조금 아쉽지."

생각해보니 나도 꽃을 언제 사봤는지 기억이 나질 않았다. 꽃을 선물 받으면 기분은 좋지만, 이후 관리도 해야 하고, 금방 시들어 버리기 때문에 꽃을 선물로 준 적이 거의 없었던 것 같다.

"사실 저도 꽃을 잘 안 샀던거 같아요..."

"그렇지?"

"유럽이나 이런데는 꽃 문화가 잘 형성되어있어서, 서로 주고받고 하는데 나는 그런게 좀 부럽더라고... 앞으로 우리나라에도 꽃을 선물하는 문화가 자리 잡혀서, 모든 가정집 식탁에 위에 꽃 한 송이씩 꽂혀 있었으면 좋겠어."

2018.07.17-07.20

경상북도 칠곡군에서

청도

선물용 과일과 집에서 먹는 과일?

외모지상주의

새벽 5시, 경상북도 청도에 위치한 복숭아 농원의 아침은 조금 일찍 시작되었다. 아침 8시만 돼도 날이 뜨거워 일을 못할 지경이었기 때문에, 해가 뜨기 전에 서둘러 이날 판매할 복숭아를 수확해야 했다.(이 농가는 복숭아 판매장을 직접 운영하셨다)

"이장님 오늘은 어떤거 따면 될까요?"

"아카츠키는 다 익었으니까 거의 다 따도 되고. 네오네랑 오도로끼는 다음주 쯤 제대로 익으니 색깔 잘보고 익은거만 따면 돼."

아카츠키, 네오네, 오도로끼? 이건 복숭아의 품종명이다. 복숭아 농가에서 며칠간 일을 하다보니 어느새 나도 품종을 구분할 수 있게 되었다. 먼저, 복숭아 밭에서 종류별로 복숭아를 수확해 박스에 보기 좋게 담기 시작했다. 탐스럽게 익은 복숭아가 가득 담겨진 상자를 보니 왠지 모르게 흐뭇해진다. 수확한 복숭아를 가지고 판매장으로 돌아왔다. 선별기를 이용해 크기별, 종류별로 구분을 하고 복숭아를 판매하기 시작했다. 청도는 복숭아로 유명한 지역인 만큼 많은 관광객들이 복숭아를 사러 판매장을 방문했다.

"어머님! 이거 진짜 맛있어요. 이거로 사가세요~"

나는 복숭아 수확 일을 하며 이장님께 주워들은 정보들을 바탕으로 열심히 복숭아를 팔기 시작했다. 내가 이곳에 있었던 시기에는 '아카츠키'라는 품종이 가장 맛있을 때였다. 당도도 높고, 아삭아삭 씹히는 식감이 일품이었다. 하지만, 이 품종은 아주 큰 단점이 있었는데, 바로 생김새였다. 정말 맛있는 품종이지만 색이 푸르뎅뎅하고, 크기도 일반 복숭아보다 훨씬 작은 편이라, 마치 덜 익은 복숭아처럼 맛없게 생겼다. 손님들에게 아무리 맛있다고 홍보해도 이 품종은 거들떠 보지도 않았다.

"에이, 그건 너무 맛없게 생겼다~"

"일단 한번 드셔 보세요."

아삭!

"와~ 생긴 거와는 다르게 너무 맛있는데?"

"그죠?"

"진짜 그러네! 음... 그런데 선물하기에는 너무 모양이 좀 그렇다~"

역시 확실한 단점을 가진 품종이다. 대부분의 손님들이 찾는 크고 예쁜 복숭아는 '네오네'라는 품종의 말랑한 백도 복숭아였는데, 이 품종은 약 일주일 정도가 지나야 제맛을 내는 품종이었다. 손님들의 수요가 있어서 수확은 했지만 아직 당도와 향이 덜했다. 생산량이 얼마 되지 않아 가격도 비쌌다. 손님들도 시식을 해보고 느꼈다. 모양은 이상하지만 지금은 아카츠키라는 품종이 더 맛있다고. 하지만, 대부분의 손님들, 특히, '선물용' 복숭아를 구매하려는 사람들은 크고 예쁜 품종을 선호했다. 결국, 손님들은 선물용으로 맛과 향은 덜하지만 보기 좋은 큼지막한 복숭아를 사갔다.

"여기 처음 오시는 분들은 예쁜 과일만 사가."

수년째 복숭아를 판매하고 계시는 어머님이 말씀하셨다. 사람들은 왜 직접 맛을 보고도 굳이 맛이 덜한 과일을 비싸게 사갔을까? 우리가 과일을 고르는 기준은 여러 가지가 있겠지만, 먹어보지 않아 맛을 알 수 없는 과일을 선택할 때 '크기와 모양새'는 선택의 기준이 될 수 밖에 없다. 하지만, 직접 맛을 보고도 생김새 때문에 과일을 선택하는 것은 무슨 이유였을까? 이에 대해 어머님이 아주 흥미로운 이야기를 해주셨다.

"우리나라는 예로부터 제사상에 가장 특상품의 과일을 올렸잖아. 여기서 특상품이란건, 가장 크기가 크고, 때깔이 좋은 것이었고. 옛날에는 제사상에 크고 예쁜 과일을 올리지 않으면, 조상에 대한 예의가 없는 놈으로 여겨졌다고. 그러니까 크고 예쁜 과일이 곧 정성을 보여주는 하나의 방법이었지."

듣고보니 그럴듯한 이야기 같았다. 조상님들은 제사상에 올라온 음식을 드시지 못하기 때문에(?), 제사상의 음식은 모양과 크기가 중요했을지도 모르겠다. 하지만, 과일을 먹을때는 모양과 크기뿐만 아니라 맛과 향도 중요하다. 아니 사실 이게 더 중요한게 아닌가? 여하튼 이런 외모지상주의 사회에서 선택받지 못한 과일들은 대부분 헐값에 팔리거나 버려지고 있었다. 이렇게 농가에서 버려지는 과일들을 보니, 나도 지금까지 과일 외모지상주의자가 아니었는지 돌이켜 보게 된 시간이었다.

2018.07.20-07.24

경북 청도에서

경주

기후 변화에 대응해야지

경주에서 한라봉을?

'어? 어디 가셨지?'

어제 분명 거실에서 같이 주무셨던 아버님의 모습은 보이지 않았다. 작업복을 입고 나가려던 참에 아버님이 땀을 흘리며 들어오셨다.

"일어났나?"

"네, 벌써 작업하고 오신 거예요?"

"응, 날씨가 더워서 빨리 시작했지."

아버님은 세상 모르고 자고 있던 나를 깨울 수 없어, 먼저 작업을 시작하셨다고 했다. 나도 옷을 갈아입고 비닐하우스로 발걸음을 옮겼다. 차광망이 덮여있는 비닐하우스는 내가 예상했던 것보다 덥지 않았다.

"어?! 생각보다 덥지 않네요?"

"햇빛만 잘 가려지면, 비닐하우스 온도가 바깥 온도보다 더 낮아."

"정말 그런 거 같아요."

그러나 쾌적함은 그리 오래가지 않았다. 역대급 폭염이 점점 비닐하우스를 달구기 시작했기 때문이다. 작업을 끝내고 나면 입안이 바짝바짝 마를 정도의 무더위였다. 나는 일하는 내내 수시로 수분을 보충해주며 작업을 이어갔다.

"아버님 덥지 않으세요?"

"덥지, 그래도 멜론이랑 한라봉은 지금 작업을 다 해놔야 해."

경주에서 농사를 짓고 계신 아버님은 한라봉과 멜론을 주작목으로 키우셨다. 이야기를 들어보니, 아버님은 경주에서 처음으로 한라봉 재배를 시작한 분이라고 하셨다.

"아버님, 어떻게 멜론이랑 한라봉 재배를 시작하시게 되신 거예요?"

"날씨가 점점 더워지니까 거기에 맞춰서 심은 거지."

기후 온난화와 기술의 발전으로 인해 제주도에서만 재배가 가능했던 한라봉이 이제는 육지에서도 재배가 가능하게 되었다고 하셨다. 기후 온난화가 가져온 재배 작물의 변화라니... 도시에 있을때는 멀게만 느껴졌던 '기후 변화'의 현실이 직접적으로 느껴졌다.

"원래 이 마을은 사과밭이 정말 많았던 곳이었어. 우리가 농사 짓고 있는 이 땅도 원래는 사과밭이었다고. 근데 이제는 사과밭이 다 북쪽으로 올라갔어."

"기후 변화에 맞춰서 농작물도 변화하는 거네요."

"그렇지. 우리가 기후를 변화시킬 순 없으니, 우리가 거기에 대응해야지."

2018.07.24-07.28

경북 경주

경주

농산물은 공산품이 아니야

친환경 농산물

친환경 농사를 짓는 농가는 항상 다양한 에피소드가 있었다. 경주에서 친환경 파프리카와 토마토 농사를 짓는 두번째 농가에서는 어떤 일이 있었는지 궁금했다.

"어머님, 친환경 농사 지으시면서 에피소드 같은 거 없으세요?"

"왜 없어~ 많지."

이곳은 대규모 비닐하우스에서 농사를 짓는 곳이었는데, 비닐하우스 크기가 얼마나 큰지, 마치 운동장을 연상시키는 엄청난 크기였다. 물량이 많다 보니 일정 물량은 근처 학교와 협약해서, 근처 초등학교로 납품을 한다고 하셨다.

"학교에 납품하시는 거면 판로 걱정은 조금 덜 하시겠네요?"

"그런 것도 아니야. 원래는 학교에 납품하는걸 취소하려고 했어."

"급식 납품 농가로 선정되는게 엄청 어렵다고 들었는데 아닌가요?"

"그렇긴 한데, 너무 힘들었어서..."

어머님은 조심스럽게 이야기를 시작하셨다.

"요즘은 안전한 먹거리를 위해 급식에 친환경 농산물을 사용하는 학교가 늘어났어. 그래서 많은 친환경 농가들이 학교에 납품하기 위해 노력을 기울이지. 우리도 운이 좋게 학교 납품을 선정받아서, 총 3개의 학교에 납품을 시작하게 되었어. 그래서 학교에 토마토랑 파프리카를 보내는데, 3개의 학교 중 한 군데에서 계속 클레임이 나오는 거야. 왜 그런가 물어봤더니, 스크레치가 너무 많거나 부분적으로 흉터 같은 게 있다는 거야.

그래서 설명을 했지. 친환경이다 보니 겉표면이 매끄럽지 않을 수 있는데, 먹는 데는 지장 없는 거라고. 그래도 계속 모양이 예쁜 걸로 보내달라고해서 다시 보냈는데, 이번엔 모양이 일정하지 않아서 손이 많이 간다고 컴플레인이 들어온 거야. 그런 식으로 계속 컴플레인이 들어오니까, 농사 짓기에도 바쁜데 거기에만 신경 쓸 수도 없어서, 학교에 납품하는 걸 포기했어. 그랬더니 며칠 뒤에 학교에서 다시 전화가 오더라고. 꼭 다시 납품을 해달라고. 무슨 일인지 봤더니, 그 학교는 급식에 친환경 농산물을 사용하면 지자체에서 식자재 구입비 일부를 지원해주더라고. 근데 영양사가 우리 꺼를(친환경) 취소하고 일반 농산물을 받으려고 하니까 지원이 안되는거야. 그래서 미안하다면서 다시 연락이 온 거더라고."

"그래서 어떻게 됐어요?"

"지금은 이야기가 잘 돼서 그 학교에 꾸준히 납품을 하고 있어. 그때는 정말 힘들었지. 식재료를 관리하는 영양사들이 조금 더 농산물에 관심을 가지고 있었다면 단순히 모양만 보고 판단하지는 않았을 텐데... 아쉽지."

사실 나도 조리고등학교를 다녔었고, 식품영양학과를 전공했지만, 농산물에 대해서는 관심을 가져본 적이 없었던 것 같다. 만약 내가 저 학교의 영양사였다면, 클레임을 계속 걸었던 영양사와 다르게 행동했을까? 아마 나도 농산물에 대해 잘 알지 못하고 관심이 없었기 때문에, 저 영양사와 마찬가지로 모양새만 보고 반품을 결정했을 것 같다.

만약, 우리에게 친환경 농산물에 대한 교육이 이루어졌더라면 저런 일이 발생했을까? 농약과 화학 비료를 사용하지 않은 친환경 농산물일수록 모양도 삐뚤하고 못생겼다는 사실을 알고 나면, 오히려 못생긴 농산물이 더 좋게 느껴질지도 모르겠다.

2018.07.29-08.01

경북 경주에서

양산

중소농 농가가 살아남는 방법

경남 양산. 날은 여전히 덥고 일은 계속되었다. 이곳은 '친환경 둥근 대마'를 주로 재배하는 곳이었다. 이곳도 친환경이니 내가 해야할 일은 역시나 '잡초뽑기'였다. 여행 내내 정말 잡초는 무지하게 많이 뽑고 다녔다. 끝없는 잡초들, 물만 있으면 무럭무럭 자라는 잡초들이 참 신기할 정도다. 나는 하루 종일 땅만 바라보며 잡초를 뽑고, 또 뽑았다.

"아버님, 다했어요!"

"이제 다른 밭에 가보자."

"다른 밭이요? 밭이 여기 말고 또 있어요?"

"그럼!"

농사 지으시는 분들은 항상 여기저기 밭을 많이 가지고 계신 것 같다. 끝인 줄 알고 좋아했는데, 아쉽다.

"여기는 아까 거기보다 더 크네요?"

"응. 그래도 다 합쳐봤자 얼마 안돼."

아버님은 경남 강소농 연합회 사무국장직을 맡고 계셨다. 강소농이란, 작지만 강한 농업 경영체로 농업 규모는 작지만 고효율과 정보력을 바탕으로 고소득을 내는 농가를 칭한다고 하셨다. 즉, 생산한 농산물을 가공하여 판매하거나, 인터넷 판매를 통해 소득을 높이는 것이다.

"아버님 둥근마라는 작물은 조금 생소한데 사람들의 수요가 많은 편인가요?"

"예전에는 아니었지만, 지금은 수요가 많이 늘었지. 다행히 생산된 건 모두 판매하고 있어."

"안정적인 판로가 있으신건가요?"

"개척한 거지. 처음엔 둥근마 농사를 짓는 사람들끼리 모여 작목반을 만들어서 같이 판매하기도 하고, 각종 행사에 참여해서 인지도를 쌓았어. 그렇게 인지도가 높아지니까 사람들이 한번씩 주문을 해보더라고. 먹어본 사람들이 계속 주문을 해주니, 지금은 생산량의 90%가 직거래로 판매되고 있어."

"90%요?"

"응. 예전에는 우리가 행사장을 찾아다녔는데, 이제는 큰 행사가 있으면 우리를 부른다니까."

일과가 끝나고, 나는 아버님과 어머님이 함께 운영하는 식당에 도착했다. 이곳에서는 직접 재배하신 둥근마, 아로니아, 고구마 등 다양한 작물을 활용한 메뉴가 판매되고 있었다.

"식당에서 판매하시는 메뉴는 직접 생산하신 작물로 만드시는 거 예요?"

"그렇지. 식당에서 쓰는 재료는 표면이 좋지 않거나, 모양이 이상해도 사용할 수 있기 때문에 부가 가치적인 면이 크지."

하루 종일 밖에서 땀을 흘리고 오셨던 아버님은 샤워를 하고 오시더니, 바로 식당일을 돕기 위해 주방으로 들어가셨다. 하루 온종일 땡볕 아래서 잡초를 뽑느라 지칠 만도 하실 텐데, 체력이 정말 대단하시다. 저녁 손님이 다 빠지고, 남은 그릇들을 정리하며 하루가 마무리되는 듯했지만, 아버님의 일과는 아직 끝나지 않았다. 식당 정리를 마친 아버님은 스마트폰을 손에 드셨다.

그리곤 오늘 작업한 일과들을 각종 SNS에 올리고 생산된 농작물과 곧 출하될 농작물들을 홍보하셨다. 옆에서 아버님의 핸드폰을 들여다보니, SNS 팔로워 수가 1,700이 넘었다. 그 외에도 각종 소셜 미디어에 연결된 계정마다 수 천명의 팔로워들이 있었다. 이제서야 어떻게 생산하신 농작물의 90%를 직거래로 판매할 수 있었는지 이해가 되었다.

"중소농의 약점을 해결하려면 이렇게 열심히 홍보해서 직거래로 수익을 올리고, 식당도 홍보해야지."

'몸이 10개라도 모자란다'라는 말은 아마 아버님을 두고 있는 말인 것 같았다. 하루를 정말 길고 알차게 보내시는 아버님은 일과가 바쁘고 힘들어도, 전혀 힘든 내색을 하지 않으셨다. 아니, 오히려 아버님은 행복해 보이셨다. 아마도 아버님 자신이 꿈꾸고 있는 삶을 걸어가고 계시기 때문이 아니었을까?

나는 아버님을 통해 규모가 작은 농가라도 다양한 방법을 통해 단점을 극복할 수 있다는 것을 볼 수 있었다. 앞으로 우리나라의 많은 중소농가들이 작지만 강한 '강소농'이 되길 바란다.

2018.08.02-08.05

경남 양산에서

부산

다 팔아야 집에 가는 거지

자갈치 시장

새벽 4시. 졸린 눈을 비비며 숙소를 나섰다. 어둡고 조용한 분위기를 예상했던 나의 생각과는 다르게, 시장 주변은 새벽부터 경매를 준비 중인 상인들로 활기를 띠고 있었다. 수산물 경매를 구경해보고 싶어 찾아온 부산의 자갈치 시장. 먼저, 경매가 진행되는 장소를 알아내기 위해 인상이 가장 온화해 보이시는 어머님께 다가갔다.

"어머님, 안녕하세요~ 생선 경매하는 거 구경해보고 싶은데, 어디로 가야할까요?"

"아~ 새벽엔 생선 경매는 안 하고, 조개류만 해. 조개류 경매는 여기서 곧 할 거야."

"아 정말요? 혹시 경매하는 거 구경해도 되나요?"

"그럼, 그럼. 나도 저기 가서 경매해야 하니까 같이 가보자고."

이번에도 운이 좋았다. 마침, 어머님이 경매에 참여하시는 중매인이라 어머님을 따라 경매를 구경해보기로 했다. 경매 시작 전, 어머님이 경매에서 사용되는 수신호에 대해 알려주셨다.

"검지 하나가 1(천 원), 두 개가 2(2천 원)... 검지를 구부린 게 9(9천 원)"

"그럼 만원은 어떻게 표시해요?"

"단위가 천 원일 때는 1이 천 원, 단위가 만원일 때는 1이 만원!"

"아~(사실, 이해를 잘 못했다)"

잠시 후, 경매를 알리는 종소리가 울리자 모든 사람들이 한 자리에 모였다. 물건을 구매하는 중매인분들은 경매 시작 전 경매 물품을 확인한 다음, 필요한 것을 마음속으로 정해두고, 경매에 참여했다. 경매를 진행하는 경매사의 힘찬 목소리와 함께 경매가 시작되었다.

"자! 시작하겠습니다!"

"키조개 30개 중에 5개!"

"에~~~~(경매사분은 경매가 진행되는 동안 계속 이런 소리를 내셨다)"

중매인들의 손이 분주해지기 시작했다. 속도가 너무 빠르게 진행되어 무슨 일이 일어나고 있는지 전혀 알 수 없었다.

"23번, 5번, 12번!"

경매사가 낙찰된 중매인의 번호를 부르면 중매인들은 자신의 표찰을 물건 위에 올려두었다. 하나의 물품이 끝나기까지 걸린 시간은 대략 40초에서 1분 사이. 품목 하나가 끝나자 바로 옆에 있는 물건으로 옮겨가 다음 경매가 진행되었다. 그리고 순식간에 모든 경매가 종료되었다.

"어머님, 많이 사셨어요?"

"오늘은 물량이 많이 없어서 별로 못 샀네... 날이 더워서 물건이 별로 없어."

"아, 물건이 없어서 금방 끝난 거예요?"

"그렇지. 많을 때는 한 시간 넘게 하고 그래. 이따 저녁 10시에 생선 경매하는데 거기도 한번 가봐. 거긴 여기보다 물량 많이 들어오니까 볼게 많을 거야."

"네, 알겠습니다! 감사합니다!"

같은 날 밤 9시 40분, 다시 자갈치 시장을 찾았다. 확실히 이곳은 새벽에 구경한 곳 보다 물량이 많았다. 이곳 역시 경매 시작 전 중매인들이 생선의 상태를 확인하고 있었고, 다른 한쪽에는 경매에 올라갈 생선들을 크기 별로 선별하여 박스에 담는 분들도 계셨다.

밤 10시. 경매를 알리는 종소리와 함께 경매가 시작되었다. 이곳은 새벽에 구경했던 조개류 경매보다 더 긴장감 있는 모습이었다. 경매가 시작되자 여기저기서 낙찰을 희망하는 손이 뻗어졌다. 박진감 넘치는 모습을 구경하기 위해, 자갈치 시장을 지나가던 몇몇 사람들도 발걸음을 멈추었다.

경매를 진행하는 경매사, 경매에 참여하는 중매인, 얼음을 나르는 얼음 상인, 경매가 완료된 생선을 각자 번호에 맞게 가져가는 상인 등. 위판장에는 각자의 일을 하는 모든 사람들이 분주하게 움직이고 있었다.

"에~~~~~"

새벽에 진행되었던 조개류 경매보단 시간이 더 걸렸지만, 생선류 경매 역시 신속 정확하게 진행되었다. 분주했던 한 시간이 지나자 모든 경매가 종료되었고, 경매에 참여했던 중매인들은 경매가 이루어졌던 이곳에서 바로 장사를 준비하기 시작하셨다. 생선으로 쫙 깔려있던 경매 현장이 어느새 수산 시장으로 변하고 있었다. 분주하고 어수선했던 위판장은 이내 평화를 되찾았다.

"이제 다 끝나신 거예요?"

"응, 이제 이렇게 정리해놓고 집에 가서 조금 자고, 새벽 4시나 5시부터 나와서 다시 장사를 시작 해야 돼. 물건 사가는 사람들이 일찍 오니까."

"새벽 4시요? 그럼, 몇 시간 못 주무시겠네요?"

"그렇지. 그래도 오늘은 물량이 없어서 일찍 끝난 거야. 물량이 많으면 새벽 2시까지 할 때도 있어. 그러면 그냥 사무실에서 잠깐 쉬다 바로 나와서 장사해야 되지."

"장사는 몇 시까지 하시는데요?"

"뭐 그런 게 있나. 다 팔아야 집에 가는 거지."

수산물 역시 바다에서 식탁에 오르기까지 생각보다 많은 과정을 거친다. 그리고 그 과정에서 많은 사람들이 생계를 이어가고 있었다. 문득 집에서 편하게 식재료를 구할 수 있음에 감사했다.

2018.08.05-08.06

부산 자갈치 시장

밀양

일하면서 힐링하기

복실이와 후추

"냉장고에 고기 넣어 놓고 간데이~"

"네~ 감사합니다!"

밀양에서 식당을 운영하고 계신 사장님은 아침에 잠시 내가 있는 곳에 들러 저녁까지 먹을 수 있는 식재료를 냉장고에 채워 주시곤 다시 식당으로 출근하셨다. 밀양 시내에서 조금 떨어진 이곳은 사장님의 밭과 창고가 있는 곳이었다. 밭에는 아로니아, 풋고추, 깻잎, 토마토, 산딸기 등 다양한 작물이 심어져있었고, 넓은 밭 옆에는 가건물처럼 생긴 큰 창고가 있었다. 창고 안은 잠을 잘 수 있는 숙소 공간, 간이 화장실, 싱크대가 놓여있는 주방 공간, 여러 기물이 놓여있는 창고 공간으로 나뉘어져 있었다. 사장님은 지금 창고 안 숙소에서 아무도 지내지 않으니 내가 밀양에서 지내는 동안 이곳을 편하게 이용하라고 하셨다.

이곳은 농사가 주업이 아니었기 때문에 다른 농가에 비해 농사일이 많지 않았다. 밭에서 자란 작물은 주로 식당에서 사용되거나 주변 지인 분들에게 나눠주신다고 했다. 내가 이곳에 방문했을 당시 사장님은 식당일에 바빠 밭에 전혀 신경을 못쓰고 계셨다. 밭이 얼마나 관리가 안

되었는지 잡초가 사람 키만했다. 밭 한쪽을 차지하고 있는 아로니아 나무에는 아로니아 열매가 주렁주렁 열려있었고, 꽤 많은 양의 고추는 빨갛게 익어 수확의 손길을 기다리고 있었다.

"일단 여기서 딸 수 있는건 다 수확해줘. 날 더우니까 쉬엄쉬엄하고!"

나는 사장님의 특명을 받아 밭에서 수확할 수 있는 모든 작물들을 수확하기 시작했다. 먼저, 장화를 신고 커다란 바구니와 함께 아로니아 나무가 있는 쪽으로 걸어갔다. 쓱쓱~. 밭으로 가는 발소리가 들리자 강아지 두 마리가 헐레벌떡 나를 쫓아왔다. 밭과 창고를 지키는 강아지, 복실이와 후추다.

복실이와 후추는 내가 이곳에 지내는동안 나의 유일한 말동무이자 친구들이었다. 사장님은 일이 끝난 저녁에나 밭에 오셨기 때문에, 밭에서 혼자 일하는 동안은 복실이와 후추가 내 옆을 항상 지켜주었다. 내가 바구니를 들고 밭으로 가는 소리가 들리면 이 녀석들은 이미 내가 갈 곳에 도착해있었다. 아로니아를 수확하는 동안 내 주변에서 둘이 장난을 치며 놀거나, 내 다리를 건드리며 같이 놀아달라고 재촉하기도 했다. 그렇게 마구 뛰어놀다 지치면 내 주변에서 낮잠을 자기도 했다. 가끔은 일하는 내내 옆에 달라붙어 귀찮을 때도 있었지만, 아무도 없는 한적한 이곳에 이 둘마저 없었더라면 정말 외로웠을지도 모르겠다.

이곳에서의 일은 어렵지 않았다. 수확해야할 양은 많지만, 내가 일하고 싶을 때 일하고, 먹고 싶을때 먹고, 쉬고 싶을 때 쉴 수 있었기에 그 어느때보다 마음 편히 일할 수 있었다. 다른 곳에서는 농사 일에 도움이 되어야한다는 부담감이 있었는데, 이곳은 농사가 주업이 아닌 곳이라 그랬는지 농사 일에 대한 부담이 없었다.

식사도 사장님이 가져다주신 재료와 밭에 있는 재료로 직접 만들어

먹으니, 마치 TV프로그램 '삼시세끼'의 주인공이 된 기분이다.

　날이 더운 날에는 사장님이 알려주신 개울가에 가서 가서 다슬기를 잡기도 하고, 일이 끝나고 나면 가끔 복실이와 후추를 데리고 주변을 산책하기도 했다. 강과 산이 보이는 산책로를 따라 유유히 산책을 하다 보면, 어느새 마음까지 평화로워진다. 시끌벅적한 도시의 삶과는 정반대의 삶이었다. 이곳에 일하러 온 것인지, 힐링하러온 것인지 헷갈릴 정도로 마음이 편했다.

　'이렇게 편하게 지내도 되나?'

　이런 삶이라면 한적한 시골에서 사는것도 나쁘지 않겠다는 생각이 들었다. 물론 생계를 걱정해야겠지만... 그리고 문득 이런 생각이 들었다.

　'이번 여행이 끝나고 다시 집으로 돌아간다면, 복잡한 도시 생활에 적응할 수 있을까?'

　물론 또 적응을 해서 잘 살아가겠지만, 내 성향이 도시보단 시골에 더 잘 맞을 수 있을 것 같다는 생각이 들었다. 단순히 며칠 살아본것으로는 판단할 순 없지만, 나는 시골의 정취를 좋아하는 것 같다.

　무더운 여름날, 나에게 힐링의 시간을 주었던 사장님께 감사드리며...

2018.08.07-08.12

경남 밀양에서

거제도

너 거제도 갈래?

"너 거제도 갈래?"

"거제도요?"

"응. 우리 아버지가 거기서 작게 농사 지으면서 지내시는데, 한번 가 보려면 가봐."

"저야 너무 감사하죠!"

여행을 하는 동안, SNS에 여행 영상을 올렸었는데, 그 영상을 보고 나를 응원한다며 관심을 보인 한분이 있었다. 이분은 창원에 거주하셨는데, 마침 내가 창원에 갔을 때 연락이 되었고, 우연히 시간이 되어 그분을 만날 수 있었다. 말이 잘 통해 내가 형이라고 부르며 금방 친해졌는데, 내가 밀양 이후 갈 곳을 쉽게 구하지 못하자 그 형이 자신의 부모님과 할아버지가 계시는 거제도에 가보지 않겠냐며 제안한 것이다. 그렇게 거제도 안에 또 다른 섬, '칠천도'라는 곳에 가게되었다.

"잘 먹겠습니다!"

"많이 먹어~"

잘 차려진 밥상 위에 올려진 고등어구이. 내가 가장 좋아하는 반찬

중 하나다. 나는 왜 고등어구이만 보면 왜 그렇게 집이 생각나는지 모르겠다. 아마 어렸을 때부터 엄마가 자주 구워주셨던 생선이 고등어였기 때문일까? 누구에게나 '집밥'하면 떠오르는 이미지가 있을 것이다. 이 고등어가 나에겐 그런 존재였나보다. 이곳에서만 고등어구이를 먹은건 아니었는데, 갑자기 집이 그리워지며 집에 계신 부모님 생각이 났다. 그러다 문득, 타지에서 처음 만난 분들과 한 가족처럼 밥을 먹고 있다는 사실이 정말 신기하게 느껴졌다. 어제까지만 해도 완전히 남이었던, 어쩌면 평생 마주치지 못하고 지낼 수 있었던 사람들과 한 가족처럼 거실 식탁에 둘러앉아 밥을 먹고 있다는 것은 정말 신기한 일이었다. 이런 생각이 들자, 여행자인 나를 집에 초대해주신 가족들에게 감사함과 동시에, 다른 가족 사이에 아무렇지 않게 끼어있는 내가 낯설게 느껴졌다.

'나는 도대체 무슨 생각으로 이렇게 남의 집에서 밥을 얻어먹고 있는 거지?'

어쩌면 나의 경험을 위해 다른 가정에 민폐를 끼치고 있는 게 아닐까?라는 생각이 들었다. 더군다나 이곳은 농사를 전업으로 짓고 있는 곳도 아니라 딱히 일할 사람이 필요한 상황도 아니었다. 그럼에도 불구하고 나를 집으로 초대해 주시다니... 정말 감사한 일이다. 여기서 내가 할 수 있는 건 오로지 몸으로 도와드리는 일 밖에 없었기에, 밭에 가서 고추도 따고, 잡초도 뽑고, 집 주변 정리도 하며 최소한의 밥값을 하기 위해 할 수 있는 모든 일들을 도와드렸다.

허나 가는 날이 장날이라고 했던가? 이곳에 머무는 동안 장마가 시작되어, 일하는 도중 자꾸만 비가 내리기 시작했다. 일을 하다 대차게 비가 내려 하루 종일 일을 하지 못하고 방에서 쉬기만 한 날도 있었다.

"비가 너무 많이 와. 어차피 할 일도 없어. 이런 날은 그냥 편하게 쉬어."

행여나 내가 불편해할까 방도 혼자 쓰게 해주시고, 먹고 싶은 게 있으면 언제든 말하라던 어머님. 정말 쿨하게 나에 대해 별 신경도 안 쓰시는 아버님과 할아버지. 회사에서 연차까지 쓰고 창원에서 거제도까지 내려온 형까지. 덕분에 이곳에 지내는 동안, 마치 이 가족의 일원이 된 것처럼 마음 편히 지낼 수 있었다.

떠나는 날 아침.

"엄마, 동영이 간대~"

"벌써 가나?"

"네, 다음에 또 놀러 올게요."

"그래, 항상 건강하고, 다음에 또 놀러와."

"네, 알겠습니다! 며칠 동안 정말 감사했습니다."

떠나는 발걸음이 마치 집을 떠나는 느낌이다.

2018.08.14-08.17

섬속의 섬, 거제 칠천도에서

통영

머지않아 우리나라도 그렇게 될 거야

대우받는 농민

오전 7시.

"우와 동물들이 문 앞에 줄을 서서 기다리고 있네요?"

"얘네들은 아침 7시만 되면, 문 열어 주는 줄 알고 기다리고 있어."

정말 신기했다. 미니돼지, 염소, 칠면조, 닭, 병아리들이 함께 살고 있는 우리 안에는 서열이 존재했다. 서열대로 문 앞에 줄을 서서 기다리고 있던 동물들은 문이 열리자 차례대로 밖으로 나오기 시작했다. 통영에서 치자 농사를 지으시는 아버님의 첫 번째 일과는 치자 밭에 동물들 풀어놓기.

우리에서 나온 동물들은 치자 밭에 뭐가 그렇게 많은지 여기저기 돌아다니며 무언가를 주워먹기 시작했다. 이곳의 서열 1위 복실이(개)는 자신이 양치기 소년이라도 된 듯 다른 동물들의 주위를 돌아다니며 경호하기에 바빴고, 다른 동물들은 풀을 뜯어먹거나 땅에서 무언가를 주워 먹으며 시간을 보냈다. 이날은 아버님 지인분의 농장에서 가져온 호박을 아침 특식으로 나눠주었다. 다들 호박을 향해 달려들기 시작했다. 우걱우걱 정말 맛있게 잘도 먹는다.

"아버님, 어떻게 이렇게 많은 동물들을 밖에서 키우게 되신 거예요?"

"원래 동물을 좋아하고 동물 복지에 관심이 많아서, 동물들에게도 스트레스를 받지 않는 환경을 만들어 주고 싶었어. 지금은 이 동물 보려고 식당에 오시는 분들도 계시다니까."

아버님은 직접 재배한 치자를 가공하여, 치자 국수를 비롯한 다양한 가공 제품을 만드셨고, 치자 국수를 대표 메뉴로한 식당도 운영하고 계셨다. 식당을 찾는 몇 손님들은 동물을 구경하기 위해 이곳에 방문하기도 한다고 하셨다.

"울타리 없이 살면 동물들한테도 좋고, 또 얘네들이 돌아다니면서 배설한 배설물이 치자나무한테는 좋은 거름이 되니까, 일종의 선순환 농법인 셈이지."

아침부터 기분 좋게 동물들과 시간을 보내고나서, 본격적으로 오전 작업이 시작되었다. 이날의 작업은 치자나무 밭에 자라난 잡초뽑기였다.(그렇다 또 잡초를 뽑는다) 아버님이 농사짓는 치자 밭은 꽤 넓었는데, 계속해서 밭을 확장 중이셨다. 이렇게 많은 양의 치자가 가공되어 판매된다는 사실이 놀라웠다.

"치자를 직접 가공하시게 된 이유가 있을까요?"

"치자의 부가가치를 올리기 위한거지. 1차 생산으로만은 돈이 안 되니까."

사실, 치자를 원물로 찾는 사람들은 많지 않기 때문에, 가공해서 판매하는게 수익률면에서 훨씬 좋다고 하셨다. 하지만, 제조부터 가공, 유통, 판매까지 모두 다 하기에는 쉽지 않은 일이다. 실제로 아버님은 정부가 원하는 6차 산업(1차:농업 + 2차:가공 + 3차:유통,판매)을 시행하고 계셨다. 그렇게 1차(생산)부터 2차(가공), 3차(유통 판매 및 식당운영)까지 모든 과정을 직접 하려면 많은 일손이 필요했다. 그래서 어머님과 따님, 아드님까지 한 집에 모여 살며 함께 일을 돕고 있었다. 특히, 아드님은 고등학교 졸업 이후 곧바로 아버지 밑에서 일을 시작했다고 했다.

"대학에 가지 않고 바로 농사를 시작한 것에 대한 아쉬움은 없으세요?"

"네, 저는 처음부터 대학에 진학할 생각이 없었어요. 여기에서 아버지한테 배울 수 있는 것만해도 정말 많거든요."

실제로 아버님은 1차 산업부터 3차 산업에 이르기까지 모든 과정을 직접 해결하고 계셨기 때문에, 각 분양의 다양한 기술뿐만아니라 각종 법규에 대해 모르시는게 없으셨다.

"요즘은 농업에 종사하려면 다 알아야해. 농기계 다루는건 당연하고, 토양, 토질, 기상학 같은 것도 알아하고, 가공을 하려면 관련 법규나 규제에 대해서도 알아야하고. 건축물이 필요하면 건축법에 대해서도 알아야하고. 즉, 만능이 돼야해."

이렇게 만능이 되기 위해 어릴때부터 농사에 관한 일을 배우며 자란 아드님 역시, 어린 나이에도 불구하고 농사에 관한 많은 것들을 알고 있었다. 나는 아버님이 아들의 선택에 대해 어떻게 생각하시는지 궁금해졌다.

"아버님, 대부분 농사지으시는 분들은 자녀에게 농사를 안시키려고 하시던데, 아드님이 처음에 농사짓겠다고 했을 때 어떠셨나요?"

"자기 선택이니까 자기가 책임을 져야지. 그리고, 이건 관점의 문제야. 농민에 대한 인식의 차이점인거지. 나는 농민이 충분히 대우 받아야 하고, 충분히 대우 받을 수 있다고 생각해. 그러기 위해선 농민도 열심히 노력해야 하고, 정부도 충분한 지원을 해줘야지."

"선진국은 농민을 단순히 농사 짓는 사람으로 보는 게 아니라, 국토를 보존하는 파수꾼의 역할로 보기도 해. 정부에서 농민을 바라보는 시각이 조금 다른 거지. 농사를 짓는 것도 중요하지만 국토를 보존하는 데에 가치를 더 두는거야. 그래서 다양한 지원이 가능하지."

"농민을 바라보는 시각이 조금 다르네요. 우리나라도 농민들에 대한 인식이 바뀌어야 할 텐데요."

"농민들도 농사가 단순한 돈벌이가 아닌 국토를 보존한다는 자부심을 갖고 일해야지."

"언제쯤 우리나라도 그렇게 될까요?"

"걱정 마, 머지않아 우리나라도 그렇게 될 거야."

2018.08.17-08.20

경남 통영에서

고성

편리함에는 대가가 필요해

소금과 황토집

전에 있던 농가의 소개로 찾아간 경남 고성의 한 농가. 이곳은 위치부터 예사롭지 않았다. 마을버스를 타고 내린 곳에서 또 차를 타고 굽이굽이 마을 길을 따라 들어가니, 자연 속에 숨어있던 황토집이 슬며시 모습을 드러냈다. 이곳은 내가 다녀본 농가 중 '친환경'이라는 단어가 가장 잘 어울리는 곳이었다. 먼저, 가장 눈에 띄였던 황토집은 시멘트나 콘크리트로 지은 건물과는 다르게 아늑한 느낌으로 나를 반겨주었다.

이곳은 아버님, 어머님 그리고 어머님의 남동생 이렇게 총 세 분이서 함께 농사를 지으며 살고 계셨는데, 이분들이 지내는 집 2채뿐만 아니라, 가끔 손님을 받는 민박 건물까지 총 3채의 건물이 모두 황토로 지어져있었다. 이 황토집들은 모두 아버님의 손길을 거쳐 탄생되었다고 했다.

"이 집들은 내가 건강을 위해 직접 지은 거야."

아버님이 지으신 황토집은 모두 친환경 소재로 지었을 뿐만 아니라, 실내에 불가마도 만들어져있어, 추운날 따뜻하게 황토 찜질을 할 수 있었다.

"민박으로 사용하는 곳은 가끔 몸이 안 좋은 손님들이 오셔서 며칠간 황토방에서 묵고 가셔. 이곳에서 지내면서 찜질도 하고, 우리가 준비해주는 건강한 밥상도 먹으며 힐링하고 가시지."

아버님 말씀처럼 황토라는 소재는 왠지 모르게 힐링이라는 단어와 잘 어울리는 느낌이었다. 나도 이곳에서 지내는 동안 황토가 주는 편안함 때문인지, 잠을 정말 편하게 잤던 것 같다. 방에서 가만히 누워있으면 은은하게 퍼지는 황토향은 머리를 맑게 해주었고, 눈이 편안해지는 황토색은 눈의 피로를 덜어 주었다. 마치, 힐링 캠프에 온 것 같은 기분이었다.

건강을 생각하시는 이분들의 철학은 농사에서도 이어졌다. 이분들은 돌배라는 아주 작은 크기의 배를 키우고 계셨는데, 마치 낑깡(금귤)처럼 작은 돌배는 '이것도 배인가?' 싶을 정도로 작고 귀여웠다. 단맛보다는 신맛이 강해 오미자처럼 다양한 맛을 가지고 있는 돌배는 과일로 먹기보다는 주로 약용으로 사용된다고 하셨다. 세 분은 이 돌배를 농약과 비료를 전혀 사용하지 않고, 자연의 섭리대로 키우는 '자연 농법'으로 농사를 짓고 계셨다. 사실, 말이 좋아 자연 농법이지, 잘 모르는 내가 보았을 땐 그냥 방치시켜두는 것에 가까워보였다.

"알아서 잘 크겠지."

이분들은 정말 나무만 심어놓을뿐, 그 이후로는 나무에게 크게 신경을 쓰지 않으시는 것 같았다.

"그래도 좀 관리를 해주셔야 하는거 아닌가요?"

"얘네들도 힘든 환경에서 자라야 약효가 더 좋아지는 법이야."

음... 듣고 보니 맞는 말인 것 같기도 하다. 온실 속에서 자란 화초보다 척박한 땅에서 자란 잡초가 더 끈질긴 생명력을 갖고 있으니 말이다. 하지만, 이렇게 자연농법으로 키우다 보면, 화학 비료를 쓰지 않기 때문에 생산 효율이 줄어들게 된다.

"그럼, 생산량이 많지는 않겠네요?"

"그렇지. 그래도 우리는 이걸 돈을 목적으로 하는 건 아니니까."

참 신기한 분들이다. 농사짓는 평수로는 작은 규모가 아닌 것 같은데, 돈을 목적으로 하지 않으신다니... 이분들이 지향하는 것은 '건강한 식생활 교육'이었다. 사람들이 친환경에 대해 생각하고, 직접 느껴볼 수 있는 식생활 교육장을 만드는 것. 그래서, 자연의 맛을 느끼고 싶은 분들을 집으로 초대하여 식생활 교육도 하고, 며칠간 이곳에 머물면서 친환경이라는 것에 대해 생각하고 느낄 수 있도록 하는 것이 이분들의 목표라고 하셨다. 이런 목표를 가장 확고히 느낄 수 있었던 것은 음식이었다.

나는 이곳에 지내는 동안 어머님이 해주신 음식을 맛보며, 식재료라는 것에 대해 다시 한번 생각해 볼 수 있었다. 어머니가 음식을 만드시는 주방에는 이것저것 신기한 게 많았다. 돌배 효소, 양파 효소 등 각종 효소와 여러 종류의 집간장 그리고 소금까지. 어머님은 인공조미료를 일절 사용하지 않는다고 하셨다.

"우리 집은 신안에서 소금을 사 와. 그리고 직접 3년 이상 간수를 빼고, 신랑이 만든 황토가마에 구워서 사용해. 그리고 그런 소금으로 간장을 만들고..."

거실에서 어머님과 나의 대화를 들으시던 아버님이 말씀하셨다.

"예전에 염전 근처에 사는 아이들은 소금을 훔쳐먹었어."

"왜요?"

"소금이 달짝지근하거든."

"소금이 달다고요?"

"응, 간수가 잘 빠지고, 잘 구워낸 소금은 약간의 단맛을 가지고 있어. 한번 먹어봐."

나는 아버님이 건네신 소금을 손으로 조금 집어 입에 털어 넣었다. 정말 소금에서 달짝지근한 맛이 났다.

'뭐지?'

나를 바라보시며 흐뭇하게 웃으시는 아버님. 나는 다시 한번 소금을 맛보았다. 짭짤하면서 달짝지근한 감칠맛이 입안에서 계속 맴돌았다.

"진짜 소금에서 단 맛이 나요."

"이걸로 음식을 하면 뭐든 맛있어."

정말이었다. 내가 이곳에 지내는 동안 어머님이 차려주신 밥상은 이번 여행을 하면서 먹어본 음식 중에 가장 맛있고 기억에 남는 음식이 정말 많았다. 특히, 나의 입맛을 사로잡았던 음식은 '바지락 국'이었다. 바지락과 소금, 그 위에 올라간 쪽파 조금이 전부였음에도 불구하고, 깔끔하고 감칠맛 나는 국물이 일품이었다.

"바지락은 아시는 분이 직접 잡으신 거고, 소금은 우리가 직접 간수를 빼 구운 거고, 쪽파는 우리가 요 앞에 직접 심어 놓았던 거야."

"진짜 재료가 좋으니 음식의 맛이 훌륭하네요."

"이래서 뭐든지 기본이 가장 중요한 거야."

사실, 나는 어릴 때부터 음식에 관심이 많아 조리고등학교에 입학해했고, 이후 식품영양학과에 진학하여 나름 음식과 식품에 대한 기초가 있다고 생각했는데, 크나큰 자만이었다. 지금껏 소금의 참맛도 모르고, 식재료의 중요성에 대해 크게 관심이 없었기 때문이다. 음식에 가장 기본이 되는 재료의 중요성을 망각하고, 그저 음식을 '어떻게 조리할 것인지' 조리하는 방법에만 신경을 쓴 것이 아닌가 하는 생각이 들었다.

"대부분 재료가 어디서 어떻게 왔는지에 대해서는 생각하지 않아... 좋은 재료를 사용하면 기교를 부리지 않아도, 충분히 맛있다고."

"그렇네요..."

"하지만 대부분은 이런 것에 신경쓰지 않지. 그저 값싼 재료만 찾고 맛만 중요하게 생각하니 각종 조미료를 사용하게되고..."

"뭐든 대가가 필요한거야. 우리가 식재료나 소금에 이런 투자를 하지 않고, 음식을 맛있게 만들려면 각종 조미료를 사용하면 돼. 그런데, 이런 것들은 우리에게 좋은 게 아니잖아. 나중에 언젠간 몸에 반응이 올 거라고."

"실제로 우리 딸은 어릴 때부터 인공조미료를 아예 안 먹었는데, 지금은 아예 밖에서 외식을 못할 정도야. 밖에서 음식을 먹으면 온 몸에 반응이 와서... 밖에서 먹는 음식이 맛있고 편하긴 하지만, 그게 몸에 좋을지는 생각해봐야지. 내가 짓는 황토집도 마찬가지야. 황토집이 짓기는 힘들고 오래 걸려도 재료가 거의다 친환경 소재라 아토피에도 걱정 없고, 건강에 좋다고. 그런데 요즘 아파트나 건물들 짓는 거 보면, 화학적인 소재도 아무렇지 않게 쓰고 해서, 아토피 환자들이 늘어나잖아. 실내 공기도 안 좋고. 물론 쓰기에는 콘크리트로 지은 집이 편할 수 있어. 하지만, 뭐든지 편리함의 대가는 있는 거야."

2018.08.21-08.24

경남 고성에서

진주

니가 봐도 할 일이 많아 보이제?

6차 산업

새벽 5시. 일어나자마자 약 30분 정도 차를 타고 이동해 널찍한 밭에 도착했다. 이곳은 여름 기간 동안 고구마 농사를 마치고, 늦가을에 수확할 단무지 무를 심는 밭이었다. 오전에 할 일은 단무지 무 씨앗을 심는 일이었다. 나는 일할 채비를 갖추고 밭에 들어갔다. 아버님이 트랙터를 이용해 밭을 갈면, 나는 무 씨앗이 담긴 파종기를 이리저리 끌고 다니며 씨앗을 심었다.

그래도 파종기가 반자동 시스템이라 파종기를 끌고 다니기만 하면 알아서 씨앗이 심어졌다. 작업을 마치고 집으로 돌아와 샤워를 했다. 역시 땀을 흘리고 샤워를 해야 상쾌함이 배가 된다.

"내는 감 농장에 갔다가 갈 테니까, 먼저 체험장으로 가서 사무장님 도와드리고 있으래이."

진주에서 친환경 감 농사를 하시는 아버님(대표님)은 농사뿐만 아니라 감식초 제조, 농장 체험, 음식 만들기 체험, 교육관 그리고 숙박시설까지 운영하셨다. 한마디로 이곳도 6차 산업이 실현되고 있는 곳이었다. 나는 아버님이 시키신대로 체험장으로 향했다. 체험장에서는 사무장님이 홀로 오후에 있을 체험 학습을 준비하고 계셨다.

"사무장님 오늘은 무슨 체험이에요?"

"오늘은 이번에 수확한 고구마를 이용해 피자 만들기 체험을 할 거야. 곧 있으면 체험객들이 오니까 준비를 서둘러야 할 거 같아."

체험장에 유일한 직원이신 사무장님은 계획부터 진행까지 모든 과정을 혼자서 담당하고 계셨다. 나는 일손이 필요해 보이는 사무장님을 도와 재료 손질을 하기로 했다. 잠시후, 체험객들이 하나둘씩 모습을 보이기 시작했다. 이날의 체험객들은 초등학생들이었다.

"우오아아아아아아아아~"

아이들은 항상 에너지가 넘친다. 체험학습이 시작되기 전까지 아이들의 시끌벅적한 분위기가 이어졌다. 피자 만들기 체험이 시작되자 신기하게도 정신 없던 아이들이 조용해지기 시작했다. 초등부 실습이라 교육 내내 시끌벅적할 것이라고 생각했던 나의 예상과는 다르게 높은 집중력을 보여주었다. 사무장님은 노련하게 학생들을 다루셨고, 고구마 피자를 만드는 아이들은 사무장님의 멘트에 홀린 듯이 피자를 만들며 마냥 즐거워하고 있었다.

체험을 마친 아이들은 썰물처럼 금세 빠져나가고, 체험장에는 남은 식재료와 설거지 거리가 가득 쌓여 있었다.

"저녁에는 다른 팀이 1박 2일 워크샵을 오는데, 이 체험장에서 워크샵을 진행할 예정이라, 청소를 말끔히 해놔야 할 것 같아."

나는 사무장님과 함께 설거지와 체험장 정리를 마무리 했다.

"이제 끝난 건가요?"

"이제 숙박동 청소만 하면 오늘 일과는 끝날 것 같아."

"아, 맞다! 오늘 워크샵 오는 팀이 숙박하고 간다고 하셨죠?"

체험장에서 멀리 떨어지지 않은 곳에 위치한 숙박동. 30~40명이 거뜬히 잘 수 있는 숙박동은 생각보다 규모가 컸다. 나는 청소기를 돌리고 사무장님은 침구류 정리와 화장실 청소를 하셨다.

"후... 다 끝났어요!"

"고생했어, 동영아, 오늘 정말 정신없이 바빴는데, 네가 도와준 덕분에 금방 끝난 거 같다."

"도움이 됐다면 다행입니다."

"나는 사무실 가서 내일 체험학습 준비를 해야 할 것 같고, 동영아, 너는 체험장으로 가봐. 아마 대표님이 워크샵 온 팀한테 농업 관련 강의를 하신다고 하니까, 너도 가서 한번 들어봐."

"네~!"

체험장으로 가니 어느새 워크샵 팀이 도착해 자리에 앉아 있었고, 감 농원에서 작업을 하시던 대표님은 어느새 말끔한 차림으로 단상 앞에 서서 마이크를 잡고 계셨다. 대표님은 약 한 시간 정도 열정적으로 농업과 관련된 강의를 하셨다.

"아버님, 강의를 한 두 번 하신 솜씨가 아니신데요?"

"그제? 내 잘하제?"

"네, 완전 짱이신데요?"

아버님과 함께 집으로 돌아온 나는 샤워를 하고 잘 준비를 하고 있었다.

'후... 정말 새벽부터 하루종일 눈, 코 뜰새 없이 바빴네...'

이불을 펴고 자려고하는데, 아버님이 책상 앞에 앉아 컴퓨터를 하고 계시는 모습이 보였다.

"아버님, 안 주무세요?"

"아! 이번에 고구마 수확한 거, 택배 예약이 들어와서 그거 주소 좀 입력하고 있었다~"

"와... 아버님 피곤하지 않으세요?"

"니가 봐도 할 일이 많아 보이제?"

"진짜 대단하신거 같아요. 농사에, 강의에, 체험 학습까지 하시고 주문이랑 배송까지 직접 하시다니... 너무 할 일이 많아 보여요."

"농촌은 아직 부가가치가 크지 않아서 이것저것 다해야 해. 그래 해도 돈은 안 되는기라."

"특히, 체험학습장이나 교육관은 경제적으로 거의 도움이 안 돼. 농업 교육을 통해서 보람된 일을 한다는 뿌듯한 사명감 때문에 하는거지. 사실, 사무장님 월급 주기도 힘들어."

"그럼, 아버님은 농업 교육을 통해 어떤걸 이루고 싶으신거예요?"

"소비자들이 생각하는 농업 그리고 농산물에 대한 인식이 바뀌어야 농민들의 경제력이 좋아질기라. 그 인식에 변화를 주기 위해 이런 농업 교육을 하는 거고. 내가 이것저것 열심히 해서 제대로 된 농업을 알리고 홍보하면, 그때는 농업도 좀 좋아지지 않겠나?"

2018.08.24-09.01

경남 진주에서

진주

신청자가 아무도 없었어요

지자체 지원 사업

여행 중 처음으로 책을 펼치고 강의를 듣게 되었다. 내가 진주 감농원에서 지내는 동안, 이곳 교육장에서 '청년 사무장 양성교육'이 진행될 예정이었는데, 대표님이 나도 경험 삼아 청강해보는 것이 어떻겠냐고 제안을 한 것이다. 나도 좋은 경험이 될 것 같아 관계자분들에게 허락을 받고, 3일 동안 이어지는 교육에 함께 참여해보기로 했다.

경상남도 주최로 운영되었던 '청년 사무장 교육'은 20~30대 청년들에게 체험 학습 마을에서 일할 수 있는 기회를 제공하는 지원 사업이었다. 이 지원 사업에는 청년 사무장이 되기 위한 교육뿐만 아니라 경제적인 지원도 진행되고 있었다. 먼저, '사무장'이란, 농촌 혹은 어촌 체험 마을에서 진행하는 각종 프로그램들. 예를 들어, 고구마 캐기 체험, 전통놀이 체험, 김치 만들기 체험, 갯벌체험 등 각 마을의 특색에 맞는 다양한 체험 프로그램들을 기획하고, 체험 마을의 전반적인 업무를 담당하는 직책이었다.

전국 각지에는 다양하고 특색 있는 체험 마을이 많다. 하지만, 대부분 시골이라는 특성상 젊은 층은 많지 않은 편이다.(사실 거의 없다) 그렇기 때문에 체험 마을에서는 컴퓨터를 다루는 업무라든지, 홍보&마케팅 분야 등에서 여러 고충들이 나오고 있었다. 하지만, 마을 입장에서 젊은 청년들을 고용하여 월급을 챙겨준다는 것은 큰 부담이 되었고, 청년들 역시 돈이 되지 않는 시골 마을로 들어가려 하지 않았다. 지자체는 이러한 문제점을 해결하기 위해, 청년을 위한 지원 사업을 진행했고,

청년들을 농촌으로 불러들임으로써 컴퓨터 활용이나 톡톡 튀는 아이디어들을 기대하고 있었다. 청년의 일자리 문제 그리고 농촌의 고령화 문제를 해결하기 위해, 지자체가 직접 발 벗고 나선 것이다. 사실, 나는 정부가 청년들의 일자리를 완벽하게 해결해줄 순 없다고 생각하는 입장이다. 하지만, 이러한 지자체의 시도가 청년들에게 색다른 기회를 제공한다는 점은 좋은 방향임에 틀림 없다.

내가 2박 3일간 청강했던 교육은 마케팅, 농업, 지원 사업 분야, 체험학습 프로그램 만들기 등 다양한 분야의 전문가 분들이 오셔서 강의를 해주셨다. 모든 강의의 퀄리티가 매우 좋아서 각각의 강의가 마치 한 권의 책을 읽는 것 같은 느낌이었다.

'배낭여행을 하다 이렇게 좋은 강의를 듣게 될 줄이야...'

놀라운 사실은 지자체의 지원으로 2박 3일간의 숙식, 교육, 체험 등 모든 것이 무료라는 사실이었다. 게다가 총 3회에 걸친 교육이 끝나고 정식으로 청년 사무장이 되면, 지자체와 1년간의 계약을 통해 200만원의 월급(지자체에서 180만원 지원 + 체험마을에서 20만원 지원)을 보장해준다고 하니 체험마을에서 근무해보고 싶은 청년들에게는 정말 좋은 기회가 아닐 수 없다. 나는 강의를 듣던 한 청년에게 궁금증이 생겼다.

"이거 신청하실 때 경쟁률이 심했었나요?"

"다른 지역은 경쟁률이 조금 있었다고 들었는데, 제가 있는 지역은 신청자가 아무도 없어서 저 혼자만 지원했어요."

역시 아는 만큼 기회가 보이나 보다. 나는 이날 이후 각 지자체에서 시행하는 각종 지원 사업에 대해 관심을 갖게 되었다. 인터넷을 조금만 뒤져보니, 각 지자체별로 정말 다양한 지원 사업이 있다는 것을 알 수 있었다. 특히, 귀농, 귀촌을 원하는 청년들에게는 거의 모든 지자체에서 각종 지원과 혜택을 주고 있었다. 이러한 지원 사업들은 시골로 들어가고 싶은 청년들에게 경제적인 부담을 덜어주고, 시골로 들어가기 전, 1차적으로 경험을 해볼 수 있는 기회를 제공하여, 귀농 귀촌의 디딤돌 역할을 하고 있었다.

그런데, 조금 아쉬운 점은 이렇게 많은 지원 사업이 있음에도 불구하고, 대부분의 사람들이 이러한 지원 사업의 존재를 잘 모르고 있다는 것이다.(나 역시도 마찬가지였지만) 그래서, 잘 알려지지 않는 지원 사업은 건너건너 아는 사람들에게만 전파되어 특정인들에게만 혜택이 돌아가는 경우가 종종 있다고 한다. 그 특정인들이 누구인지는 잘 모르겠지만, 결국 아는 사람들만 혜택을 받게 되는 상황이 생기게 된다. 정보의 불균형인 셈이다.

또한, 몇몇 지원 사업은 사업 진행 이후 추가적인 부분에서 아쉬움을 남기는 경우도 있다. 차후 대책 없이 보여주기식으로만 진행되는 지원 사업은 그저 세금만 낭비할뿐, 큰 메리트가 없는 일회성 이벤트에 불과할 때가 많다고 한다. 그래서 흔히 이런 지원 사업금을 '눈먼 돈'이라고 표현하는데, 먼저 가져가는 사람이 임자라고 생각되는 셈이다.

우리가 이러한 문제점을 해결하기 위해선, 많은 사람들이 지자체의 행보에 대해 관심을 가지고 적극적인 참여가 필요해 보인다. 보다 효과적이고 지속적인 지원 사업들이 나올 수 있도록, 많은 사람들의 관심과 참여가 필요한 것 같다.

2018.08.24-09.01

경남 진주에서

하동

우물 안 개구리

열정

비가 부슬부슬 내리던 날. 하동 터미널에 도착했다.

"안녕하세요~"

"많이 기다렸죠?"

"아닙니다~ 이렇게 직접 와주셔서 감사합니다!"

진주의 감 농원 대표님이 추천해주신 하동의 한 농가. 이곳의 아버님 역시 친환경 감 농사를 지으셨다. 이날은 비까지 내리는데다 터미널에서 집까지 거리가 멀다고 하여, 아버님이 직접 터미널까지 마중을 나와주셨다. 차를 타고 아버님 댁으로 가는 길. 아버님이 나에게 물어보셨다.

"어떻게 이런 여행을 하게 되었나?"

나는 여행을 시작하게 된 계기를 설명드렸다.

"오호, 완전 우리과구만!"

아버님도 젊었을 때부터 여행을 좋아하셔서, 전국 각지를 돌아다니며 많은 곳을 다니셨다고 하셨다.

"나때는 무전 여행 같은 걸 많이 했지. 아무튼 진주에 계신 대표님이 전화로 소개를 해주셨는데 한번 만나보고 싶더라고. 또, 중국에서 유학 중인 우리 아들이 있는데 지금 방학이라 잠시 집에 와있어. 얘도 농사에 관심이 많아서, 한번 같이 이야기해보면 좋을 것 같더라고. 사실, 지금 감 농원에는 딱히 할 일이 없어."

"아 정말요? 아무튼 초대해주셔서 감사합니다."

차를 타고 집으로 가는 동안 아버님은 아드님과 따님에 대한 이야기를 계속 이어 나가셨다. 항상 부모님들은 자식에 대한 사랑과 걱정을 함께 가지고 계시는 것 같다. 아버님은 농사에 관심이 많다는 아드님에 대한 이야기를 많이 해주셨는데, 이야기를 듣다 보니 점점 아드님이 궁금해졌다.

잠시 후, 감나무가 즐비한 마을에 도착했다.

"안녕하세요~"

"어서오세요~"

집에 도착하자마자 궁금증을 자아냈던 아드님이 반갑게 맞이해주었다.

"잠은 여기 제 방에서 같이 주무시면 돼요."

"감사합니다!"

아버님은 오후에 귀농을 준비하는 사람들을 대상으로 강의가 있어서, 강의 준비를 해야 한다고 하셨다. 나와 아드님은 강의 준비를 돕고, 잠시 이야기를 나누었다. 중국에 있는 대학에서 농업경제학을 공부 중인 이 친구는 지금까지 여행을 하며 만났던(농업에 종사하는) 어느 청년들보다도 농업에 대한 열정이 넘치고, 지식에 해박했다.

나는 아주 짧은 기간이었지만, 지금까지 시골 배낭여행을 하면서 느겼던 농사와 농산물에 관한 궁금증이 많았었다. 이 친구는 내가 가지고 있는 궁금증에 대해 정확한 내용과 자신이 생각하는 대안과 방안을 막힘없이 이야기해주었다. 또한, 중국에서 공부하고 있는 내용이나 중국 농업의 현황에 관해서도 이야기해주었다.

내가 생각하고 있던 중국은 빠른 발전을 하고는 있지만, 농업 분야에서는 우리보다 뒤처져있을 거란 생각을 가지고 있었는데, 이야기를 들어보니 나의 생각은 잘못된 편견이었고, 오히려 우리나라보다 훨씬 더 앞서 나가고 있다는 생각이 들었다. 중국 정부가 바라보는 농업, 농업 분야로 진출하는 중국의 기업들, 농업 기술 보급을 위한 온라인 교육 서비스 등 이야기를 들으면 들을수록, 그저 놀라움의 연속이었다. 이야기를 듣다보니, 마치 우물 안 개구리가 된 기분이었다. 나는 그저 이 친구가 말하는 내용을 듣고 메모하며 수업을 듣는 학생이 되었다. 그렇게 우리는 이날 약 3시간 동안 끊임없이 대화를 이어갔고, 이 친구는 내가 이곳에 지내는 동안 끊임없이 농업에 관한 이야기를 해주었다.

농업 분야로 진출한 중국 청년들의 이야기, 다양하고 새로운 사업을 통해 농업 발전에 기여하는 기업들... 지금까지 내가 들어보지 못한 이야기들은 듣는 재미가 쏠쏠했고, 나는 지금까지 농업의 발전에 대해 이렇게 깊고 진지하게 들어본 적이 없었기에 더욱 흥미롭게 다가왔다. 이 친구는 학교를 다니면서, 그리고 농업과 관련된 동아리 활동을 통해 전문적인 지식을 쌓고, 실질적으로 경험해보며 농업에 대한 구체적인 생각을 실천으로 옮겨 나아가고 있었다.

나이는 나보다 어린 동생이었지만, 이 친구와의 대화를 하면서, 여행을 하며 수박 겉핥기식으로 느낀 것을 가지고 무언가를 해보려는 내가 부끄럽게 느껴졌다. 무엇이든 하려면 전문적이고 제대로 해야 된다는 것을 다시 한번 느끼게 해 준 고마운 시간이었다.

나는 이 친구의 앞날이 기대되었다. 학교에서 배운 것과 농업에 종사하시는 아버지를 통해 자신의 지식과 생각을 행동으로 옮길 수 있는 환경을 가지고 있었기 때문이다. 이와 같이 열정 있고 지식이 해박한 청년들이 모여 함께 이야기하고 정보를 공유한다면, 우리나라 농업 경제에도 적지 않은 부흥을 일으킬 수 있을 것 같았다.

앞으로 이 친구와 같은 청년들이 우리나라의 활기찬 농업을 이어가길 기대하며, 이곳에 지내는 2박 3일 동안 나에게 이런 귀한 시간을 갖게 해 주신 아버님과 아드님에게 다시 한번 감사의 말씀을 전하고 싶다.

2018.09.01-09.03

경남 하동에서

하동

아버님 잘 쉬다 갑니다

하동에서 다시 만난 인연

하동으로 오기 약 한 달 전, 밀양에서 만난 사장님 댁에 있을때, 사장님의 지인분들과 함께 식사 시간을 가졌었다. 식사를 하며 잠시 이야기를 나눴었는데, 그분들 중 한 분이 내 여행에 흥미를 보이셨고, 자신이 하동에서 지내는데, 혹시 하동에 오게되면 꼭 연락을 하라며 연락처를 건네주셨다.

"하동에 오면 꼭 연락하라구."

뭔가 세상을 통달하신듯한 이 아버님은 혼자서 약초를 공부한다고 하셨다. 편견일진 모르겠지만, 왠지 모르게 약초를 공부하시는 분들은 '나는 자연인이다'에 나오시는 분들처럼 만물의 이치를 깨닫고 삶을 살아가시는 것 처럼 느껴졌다. 나는 이 아버님에게서 풍겨지는 무언가 강력한 힘에 이끌려, 꼭 연락을 드리겠다고 대답했다. 그리고 하동에 갔을때 정말로 연락을 드렸다.

"안녕하세요! 아버님. 잘지내시죠?"

"어~ 자네 하동에 왔나?"

"네, 혹시 시간 괜찮으시면 제가 찾아 봬도 괜찮을까요?"

"그럼! 언제든지 놀러와."

그렇게 하동 터미널에서 버스를 타고 한참이나 들어가 어느 마을에 도착했다. 장마철이라 하루종일 비가 온다던 일기예보대로 부슬부슬 비가 내렸다. 버스에서 내려 슬쩍 마을을 둘러보니 이곳도 강원도 산골 마을처럼 세상과 단절된 느낌이었다. 정말 영화에서나 나올법한 시골의 모습이었다. 여름이라 주변의 풀들은 무성하게 자라있었고, 풀과 나무가 가지고 있는 초록색 기운이 강하게 느껴졌다. 나는 비를 맞으며 아버님이 알려주신 집 주소로 향했다. 잠시후, 저 멀리서 아버님이 모습을 드러내셨다.

"안녕하세요~ 잘 지내셨어요?"

"나야 잘 지냈지. 고생 많지?"

"에이, 아닙니다. 잘 다니고 있습니다."

한 달 만에 다시 만나 뵌 아버님은 한쪽 팔에 깁스를 하고 계셨다.

"팔은 어쩌다 다치셨어요?"

"뭐, 그냥 넘어져가지고."

집에 도착한 나는 방에 짐을 풀고 집을 둘러보았다. 이 집은 '시골집' 이라는 단어를 들었을 때, 내가 전형적으로 떠올리던 그런 집의 형태를 갖추고 있었다. 슬레이트 지붕에 시멘트와 나무로 만들어진 집이었는데, 아버님이 직접 개조를 했다고 말씀해주셨다.

"여기서 혼자 지내시는거예요?"

"아~ 집사람도 어딜 다쳐서 지금 병원에 입원해있어. 닮을걸 닮아야지 다치는 걸 닮아가 되겠나."

약초를 다루시는 아버님은 집 주변을 구경 시켜주시면서, 자신이 직접 키우거나 주변 산에서 채취해오신 약초들을 구경시켜주셨다.

"이건 가래나무고... 이건 줄풀이라는거고..."

아버님은 집 바로 옆, 창고로 쓰이는 방에서 약초를 말리고 계셨는데, 집 안 여기저기에 기분 좋은 약초 냄새가 가득했다.

"처음보는 약초가 정말 많네요."

"내가 팔만 안다쳤으면, 오늘도 산에 돌아다녔을텐데..."

밖에서 이야기를 하다보니 빗방울이 굵어지기 시작했다. 집안으로 들어온 아버님은 나에게 점심을 준비해주셨다. 이날의 메뉴는 들깨 미역국, 죽순 장조림, 고구마순 김치 그리고 아버님이 직접 담그신 칡술. 마루에 앉아 빗소리를 들으며 먹는 밥은 별다른 표현 없이 정말 맛있었다. 특히, 죽순 장조림과 고구마순 김치는 아직도 그 아삭거리는 식감이 생생하게 기억날 정도다. 거기에 반주로 곁들이는 칡술은 각종 양념으로 자극된 입안을 깔끔하게 정리해주었다.

"배도 찼는데, 술도 깰겸 낮잠 좀 자게나."

"도와드릴 일은 없나요?"

"응, 일단 좀 자자구."

마루에서 빗소리를 들으며 낮잠을 자니 한없이 여유로움이 느껴졌다. 꿀같은 단잠을 자고 일어나니, 아버님이 잠시 밖에 나갔다오자고 하셨다.

"잠깐 밖에 나갔다 올까?"

"네."

아버님과 나는 차를 타고 인근 산으로 나갔다. 아버님은 산속에 있는 다양한 나무와 약초들을 보며 나에게 설명해주셨다.

"이건 어디에 좋은 무슨 나무고, 저건 어디에 좋은 무슨 약초야…"

약초에 대해선 아무것도 모르는 나에겐 그저 다 같은 나무 같고, 다 같은 풀처럼 보이는데, 아버님은 이곳이 온통 약초 밭이라고 하셨다. 역시, 아는 만큼 보인다. 아버님은 운전을 하시다 잠시 차를 세우시더니 길가에 떨어져 있는 밤을 주우셨다. 나도 덩달아 빗속에서 비를 맞으며 땅에 떨어진 밤을 주웠다. 큰 밤송이들은 누가 다 가져갔는지 속이 텅텅 비어 있었다. 다행히 남아있는 작은 밤들 속에 알맹이 몇개가 보였다. 아버님은 양손에 딱 먹을 만큼의 양만 주우시고는 다시 차에 올라타셨다.

"오늘은 이정도만 줍고 돌아가자."

아버님은 차를 몰고 이내 집으로 가는 듯 하더니, 한참을 달려 다른 마을에 있는 어느 치킨집으로 향하셨다. 내가 놀러왔다고 치킨 한마리를 사주신다고 하셨다. 사실, 배가 불러서 치킨은 필요 없었지만 어른들이 사주시는 음식은 사양말고 먹어야한다.

비가 추적추적 내리는 오후. 김이 모락모락 나는 치킨을 사들고 집에 들어와 다시 빗소리가 나는 마루에 앉았다. 아버님은 점심에 드셨던 칡술을 다시 꺼내오셨다. 하루종일 추적추적 내리는 비는 싫었지만, 마루에 앉아 빗소리를 들으며 치맥 아니 치칡(치킨 & 칡술)을 하니, 신선 놀음이 따로 없다. 비가 내리며 풍기는 흙냄새가 그 정취를 더했다. 그렇게 아버님과 함께 술을 마시며 사뭇 진지한 이야기를 나누었다. 이곳에 있는 동안 나도 마음이 편했는지, 내가 가지고 있던 다양한 고민들도 털어놓았다.

"아버님, 밀양에서 잠깐 본 저에게 연락처를 주신 이유가 있으신가요?"

"네가 여기저기 돌아다니면서 고생할게 뻔해서, 혹시라도 하동에 오면 하루라도 쉬고 가게 하고 싶었지. 그냥 마음 편히 쉬다가."

"감사합니다."

사실, 그동안 정말 많은 분들에게 도움을 받으며 여행을 했기에 모든 분들에게 진심으로 감사했지만, 남의 집에서 밥을 얻어먹고 잠자리를 해결한다는 것은 여러모로 눈치가 보이는 일이었다. 특히 농사를 짓는 분들은 각자의 생활패턴이 존재했는데, 내가 그 패턴에 들어감으로써 생활 리듬이 망가지는 일이 많았기 때문이다.

단적인 예로 식사시간이 그랬다. 농사를 짓는 농부님들은 사실상 식사 시간이 따로 정해져있지 않았다. 흔히 '대중없다'라는 표현을 사용하셨는데, 하던 일이 마무리 되는 때가 바로 '밥먹을 시간'이었다. 하지만, 내가 있다는 이유로 나를 위해 식사 시간을 최대한 맞춰주려고 하셨다. 그러다보니 아무리 편하게 지내려고해도 눈치가 보이는건 어쩔 수 없었다.

"쉬고 싶으면 쉬고, 밥 먹으려면 먹고. 맘대로해."

정말 시골집에 놀러온 조카처럼 마음 편히 쉴 수 있었던 하루였다. 세상과 단절된 듯한 이곳에서의 하루는 나의 마음을 그 어느 때보다도 편하게 만들어 주었다.

"아버님 잘 쉬다 갑니다."

2018.09.03

경남 하동에서

남해

뭐든 기본을 잘 지켜야 돼

남해 다랭이마을의 맛

아침에 일어나 창밖으로 보이는 풍경은 너무나 아름다웠다. 저 멀리 구름 속에 가려진 태양과 바다, 푸른 다랭이논의 색이 참 예뻤다. 소개를 받아 오게 된 이곳은 경상남도 남해 다랭이 마을의 어느 식당. 멸치쌈밥과 남해 바다에서 잡은 싱싱한 생선을 구워 내주는 생선구이가 대표 메뉴인 이곳은 남해 다랭이 마을에서도 맛집으로 유명한 곳이었다.

"우와~"

내가 이곳에 도착하자마자 점심으로 준비해주신 메뉴는 갈치구이였다. 프라이팬 위에 올라간 갈치는 어떻게 보존되었는지 궁금할 정도로 은빛이 선명하게 빛나고 있었다.

"갈치 좋아하나?"

"너무 좋아하죠."

"아시는 분이 남해 바다에서 직접 잡은 갈치야. 한번 먹어봐."

입안으로 가져간 갈치는 입안에서 살살 녹았다. 정말 녹는다는 표현이 정확했다. 이렇게 부드럽고 담백한 갈치는 처음이었다.

"여기서 잡은 갈치는 제주 갈치랑은 또 다른 맛이지."

사장님은 남해 바다에 대한 자랑을 이어가셨다.

"여기 남해는 말이야...(중략)"

사장님의 남해 자랑은 이내 다랭이 마을 자랑으로 이어졌다.

"예전엔 이곳 다랭이 마을이 살기가 너무 힘들어서, 대부분의 사람들이 타지로 떠났어… 그러다 관광지로 유명해지고 관광객이 늘어나면서부터 조금씩 살기가 좋아졌지."

어릴 때부터 이곳 다랭이 마을에서 토박이로 자라오신 사장님은 마을에 대한 애착심이 아주 강하셨다. 사장님은 지금의 다랭이 마을이 있기까지, 마을 사람들의 수많은 노력이 들어갔다고 하셨다. 이야기를 들어보니, 이곳은 2002년부터 농촌 관광 사업을 시작했고, 2005년 다랭이논이 국가지정 명승지로 지정되면서부터, 관광객이 폭발적으로 증가했다고 하셨다.

"그 이후로 방문객이 정말 많이 늘었어. 많이 올 때는 이곳에 연간 50만 명이 넘게 왔다니까."

"50만 명이요?"

"그래, 요즘에도 한해 30만 명 정도는 방문하지."

이 작은 마을에 매년 30만 명 이상이 방문한다니… 사실, 이곳은 차가 없으면 오기 힘든 곳이라, 대부분 단체 관광으로 오거나 가족끼리 차를 타고 방문한다고 하셨다. 그런데, 예전에는 이 마을에 먹을 곳이나 숙박 업소가 없어서, 밥을 먹거나 숙박을 하려면 다른 마을로 나가야 했다. 관광객들이 마을에 오면 그냥 다랭이 논만 보고 떠났다는 것이다.

"예전에는 관광객들이 놀러 오면 마을에서 마땅히 먹을 만한 곳이 하나도 없었어. 그래서 이 멀리까지 찾아오는 관광객들에게 좋은 음식으로 보답해주고 싶었지. 그래서 음식점을 시작하게 된 거야."

그렇게 점점 관광객이 늘어나면서, 다랭이 마을은 완전한 관광 마을로 바뀌었고, 대부분의 마을 사람들이 농사를 그만두고, 숙박업이나 음식점을 운영하게 됐다고 하셨다.

"처음엔 다랭이 마을에 오시는 분들께 진짜 남해의 맛을 보여주고 싶어서 시작하게 된 게, 이렇게 커져버렸지."

"안 그래도 인터넷으로 찾아보니까 여기가 맛집으로 뜨던데요?"

"처음에는 방문객에 비해 손님이 많지 않았는데, 언제부턴가 사람들이 많이 오기 시작하더라고."

"이렇게 맛집이 된 비결이 있으신가요?"

"글쎄, 특별한 건 없고, 우리는 처음부터 국내산 재료만 가지고 음식을 만들었어. '남해의 맛을 보여주자'가 첫 의도였으니까. 그래서 멸치 쌈밥의 멸치와 생선구이의 생선은 무조건 남해에서 잡힌 것만 사용했고, 다른 식재료도 국내산만 사용했지. 처음에는 손님이 많지 않았는데, 한번 다녀간 손님들이 자꾸 찾아주시면서 손님들이 늘어났어. 맛을 보면 다르거든."

사장님 말씀대로 이 식당에서 파는 모든 메뉴들은 전부 국내산 재료들로만 만들어졌다.

"사장님, 식재료를 국내산으로만 쓰시면 재료비가 많이 들지 않으세요?"

"그렇지, 그래서 식재료비가 50%가 넘지."

이렇게 국내산 식재료가 비쌈에도 불구하고 사장님이 국내산을 고집하시는 이유는 신선도 때문이었다. 대부분의 식재료가 남해에서 오는 것들이었고, 이는 저 멀리 외국에서 혹은 타지에서 들여오는 것보다 훨씬 짧은 거리를 이동하기 때문에 신선도가 보다 더 좋게 유지된다는 것이었다. 실제로 사장님은 남해에서 생선이 잡히지 않으면 생선구이를 팔지 않으셨다.

식당 테라스에 앉아 이야기해주시던 사장님은 잠시 자리를 비우시더니, 이내 가게 아래쪽에서 나를 부르셨다.

"어이~ 동영이~ 여기로 내려와 봐!"

사장님의 말소리를 따라 계단을 내려가니, 웬 양조장이 나왔다.

"여긴 내가 막걸리 만드는 공간이야."

"아~! 식당에서 파는 막걸리도 직접 만드신 거예요?"

"그렇지."

이야기를 들어보니, 예전부터 마을에 전통 막걸리를 만드시는 할머니가 계셨는데, 그 할머니가 돌아가시면서 자식들이 막걸리 양조 기술을 이어받아 막걸리를 만들었다고 한다. 그런데, 막걸리가 점점 단맛이 강해지면서 이상해졌고, 사장님은 그런 모습이 안타까워 직접 막걸리를 만들기로 결심했다고 하셨다. 그래서 막걸리 제조법에 대해 교육도 받으시고, 허가도 받아 양조장을 만드셨고, 식당과 온라인을 통해 막걸리 판매를 시작했다고 하셨다.

"정말 대단하세요."

복장을 갖춘 사장님은 양조장에 들어가시더니, 막걸리 양조 작업에 집중하셨다. 나는 내가 도와드릴 수 있는 간단한 작업을 도와드렸다. 작업을 마친 사장님이 작업하다 남은 막걸리를 내게 건네주셨다.

"한번 먹어봐. 원래 숙성을 조금 시켜야 하는데, 지금 먹어도 맛이 괜

찮을 거야."

 양조장에서 바로 만들어진 생막걸리는 정말 깔끔한 맛이었다. 사장님이 만드시는 막걸리에는 인공감미료가 들어가지 않아, 단맛이 나지 않았다. 쌀의 쿰쿰한 맛과 시큼한 맛이 오묘하게 어우러졌다.

 "인공감미료가 전혀 안 들어가서 단맛이 거의 안나지?"

 "네, 아마 모르고 먹었다면 잘못 만들어진 막걸리라고 생각했을 것 같아요."

 "그만큼 우리가 단맛에 길들여져 있어서 그래."

 "그러면, 이 막걸리도 다 국내산 재료로 만드시는 거예요?"

 "그렇지. 국내산 쌀과 밀로만 만들지. 물도 여기 물로 사용해야 돼. 다른 걸로 하면 이 맛이 안나"

 "와... 이 모든 걸 다 직접 하시다니... 사장님 정말 대단하신 거 같아요."

 제대로 된 음식을 만들어 판매하겠다는 사장님의 마인드는 식당과 양조장 이외에도 모든 곳에서 찾아볼 수 있었다. 작은 재료 하나까지 세심하게 신경 쓰시는 사장님의 모습을 보며, 모든 일에 대충 이 정도면 되겠지? 라고 생각했던 나를 반성하게 되었다.

 "모든 음식에는 정성이 들어가야하고, 가장 기본이 되는 것들을 어기면 안되는거야. 음식이 속이기 가장 쉽잖나, 그래서 소비자들의 불신이 가장 큰 게 음식이고... 그러니까 제대로 안 하면 안 돼. 도태되는 거야."

 "뭐든 기본을 잘 지켜야돼."

2018.09.04-09.07

경남 남해 다랭이마을에서

전라남도

순천

뭘 어떻게 해... 다 버려야지

가뭄, 태풍, 폭우

"현재 태풍 솔릭의 영향으로 제주 해상엔 많은 비와 거센 바람이 몰아치고 있습니다!"

2018년 8월 말. TV에서 뉴스 속보를 전하는 기자가 강한 비바람을 맞으며 태풍 소식을 전했다. 그로부터 보름 후, 며칠간 머물었던 경상도를 떠나, 전라남도 순천으로 향했다.

'드디어 반 바퀴를 돌았구나.'

터미널에서 들리는 특유의 전라도 사투리가 내가 전라도에 왔다는 것을 느끼게 해 주었다. 터미널 근처에서 간단하게 점심을 먹고, 미리 연락드렸던 순천의 어느 배 농장으로 가기 위해 마을 버스에 올라탔다. 도착한 곳은 순천 낙안면에 위치한 한 버스정류장. 마을의 이장님이자 배 농장을 운영하시는 아버님은 차가 없으면 마을까지 오기 힘들다며 나를 데리러 온다고 하셨다. 버스정류장에서 기다리고 있으니 저멀리서 트럭 한 대가 나타났다.

"자네가 그 전화 했던 학생인가?"

"네! 안녕하세요~"

"안 그래도 일손이 많이 필요했는데 잘 왔네."

아버님은 나를 차에 태우시고는 마을 자랑과 함께 배에 관한 이야기를 해주셨다.

"여기 낙안면은 배가 아주 유명한 마을이야. 보통 전라도에선 나주배가 제일 유명하지만, 아는 사람들은 낙안배를 더 알아준다니깐! 생산량도 꽤 된다고. 그런데, 이번엔 우리 마을에 태풍 피해가 좀 있어서 큰일이야."

며칠 전, 태풍 솔릭(2018년 8월)이 호남권을 지나면서 피해를 본 과수 농가들이 적지 않다고 말씀해주셨다. 이번 태풍은 제주에서 내륙으로 올라오면서 세력이 많이 약해졌지만, 태풍 이후 며칠 동안 계속 비가 내려, 속이 꽉 찬 배들이 무게를 버티지 못하고 바닥으로 떨어졌다고 했다. 마을로 들어서니 여기저기 커다란 배 나무가 눈에 띄었다.

"아버님, 마을에 배가 정말 많네요?"

"그렇지? 안으로 들어가면 더 많아."

"안녕하세요~"

"아이고~ 동영씨라고 했죠? 정말 잘 왔어요!"

한창 작업을 하시던 어머님이 나를 반갑게 맞이해주셨다. 나는 짐을 풀고, 어머님이 타 주신 커피 한 잔과 함께 두 분과 잠시 이야기를 나누었다.

"올 여름 내내, 비가 안 와 가뭄으로 고생했는데, 갑자기 태풍 이후로 비가 너무 많이 내려서, 배 상태가 말이 아니야. 좋은 상품은 다 떨어져 나갔어. 가뭄에, 태풍에, 폭우에...."

하필 추석 대목 전에 이런 일이 발생해서 매출에도 큰 영향을 미칠 것이라고 하셨다.

"요즘 사람들은 사과나 배를 잘 안 먹어서, 명절 대목이 아니면 물량이 잘 나가지도 않는데, 추석 대목을 앞두고 이래 버리니..."

"많이 속상하시겠어요..."

"그래도 어쩔 수 있나. 하늘이 저러는데."

아버님은 드시던 커피잔을 비우시곤 탁자에 내려놓으셨다.

"이제 남은 거라도 잘 살려야지."

이날 내가 할 일은 배 나무 밑에 상자를 옮겨두는 일이었다. 다음날부터 본격적으로 인력이 배치되어 배 수확이 시작되는데, 수확 전 날 두 분에서 노란 플라스틱 상자를 밭에 옮겨두어 내일 작업할 준비를 미리 해둔다고 하셨다.

나는 아버님과 함께 노란 배상자를 경운기에 싣고, 밭으로 들어가 보았다. 나는 밭 들어서자마자 농장의 큰 규모에 놀라지 않을 수 없었다. 그리고 바닥에 떨어져 있는 배의 양을 보고 또 한번 놀랐다. 나무 위에 주렁주렁 달린 배 밑으로, 정말 많은 배가 바닥에 나뒹굴고 있었다.

"어머님, 이게 이번 태풍 피해로 인해 다 떨어진 배들이에요?"

"응..."

"그럼 얘네들은 다 어떻게 해요?"

"뭘 어떻게 해. 다 버려야지."

얼핏 봐도 크고 굵직한 놈들만 떨어져 있는 거 같았다. 태풍이 불면 크고 굵어 무게가 가장 많이 나가는 최상급의 배들이 가장 먼저 떨어진다고 했다. 한 번 땅에 떨어졌거나 충격이 가해진 배는 그 주위가 쉽게 멍들고 물러지기 때문에, 상품 값어치가 없어진다고 했다. 안타까운 마음에 바닥에 떨어진 배들을 보고 있는데, 옆에 계시던 어머님이 배나무에 달려있는 멀쩡한 배를 따서 떨어져있는 배 옆에 버리고 계셨다.

"어머님, 그건 왜 버리시는 거예요?"

"응, 이건 태풍에 봉지가 벗겨지면서 배가 햇빛을 받아 색이 빨개졌어. 다른 한쪽은 아직 파랗고."

"아, 이런것도 못파는 거예요?"

"그렇지."

"맛은요?"

"한번 먹어봐."

나는 어머님이 건네신 색 바랜(?) 배를 한입 크게 배어물었다. 달콤하고 향긋한 과즙이 입안에 퍼졌다.

"맛있는데요?"

"그래, 맛은 괜찮아. 근데 이게 조금 더 지나면 색이 완전히 빨갛게 변하거든. 그렇게되면 상품으로 나갈 수 있을까?"

"…"

"사람들은 배가 이런 색이면, 절대 안 사가."

어머님은 말씀이 끝남과 동시에 배를 아무렇지도 않게 바닥으로 버리셨다. 나는 지금까지 내가 도시에 살면서 태풍으로 인해 피해를 본 적이 있었는지 생각해보았다. 내가 겪었던 태풍 피해라고는 날씨가 좋지 않아 밖에 나가지 못했던 것? 물론 뉴스를 보면 길거리에 간판이 떨어지거나 신호등이 떨어져 인명 피해를 보거나 재산 피해를 본 사람들도 있지만, 나는 없었다. 그래서일까? 뉴스에서 태풍이나 홍수가 온다고 해도, 나에게는 크게 와 닿지 않았던 것 같다.

하지만, 농사를 짓는 분들은 달랐다. 태풍은 농부님들이 한 해 동안 지은 농사를 하루 아침에 망칠 수도 있고, 과수 농가의 경우 몇 년 동안 키운 과일 나무를 싹 다 날려버릴 수 도 있다. 그만큼 농촌에게 자연재해란 두려움의 대상이었다.

실제로 이번 태풍은 처음보다 세력이 많이 약해져 강한 태풍이 아니었음에도 불구하고, 농가에 끼친 피해는 상당했다. 뉴스로 봤을 땐 와닿지 않았던 사실들이, 현장에 와서 직접 눈으로 보니 농가의 쓰라린 마음을 조금이나마 느낄 수 있었다. 바닥에 나뒹구는 배들을 보며, 그동안 이 배를 생산하기 위해 피땀 흘린 농부님들의 모습을 생각하니 정말 마음이 아팠다. 무엇보다도 더 마음 아프게 한 것은 이를 무덤덤하게 받아들이시는 농부님들의 모습이었다. 항상 있는 일인 듯 무덤덤하게 말씀하시는 모습이 참으로 씁쓸했다.

"뭐 어쩌겠나 날씨를 맘대로 조종할 수 도 없고..."

2018.09.07-09.10

전남 순천에서

화순

화순에 오거든 꼭 들르세요

情

난 참 운이 좋은 편이다. 더 정확히 말하자면, 인복이 정말 좋은 편인 것 같다. 며칠 전, 남해 다랭이 마을에서 뵀던 사장님이 화순군의 어느 연합회 회원들을 대상으로 6차 산업(다랭이마을)에 관한 강연을 하셨었다. 나는 이날 강연에 필요한 준비를 도와드렸는데, 강연을 하시던 대표님이 잠시 강연을 멈추고 나를 소개해주셨다.

"여기 이 청년은 전국을 돌면서 농촌 체험을 하고 있는 청년이에요. 자네, 간단하게 자기소개 한 번 하지."

"네?"

갑작스러웠지만 내뺄 수 없는 상황이라 대표님이 건네신 마이크를 잡았다.

"안녕하세요, 저는…(중략) 혹시라도 일손 필요한 분이 계시면 말씀해주세요. 바로 달려가겠습니다."

쑥스러웠던 자기소개가 끝나니, 강연장에 계시던 모든 분들이 응원의 박수를 쳐주셨다. 이후 약 한 시간 반 정도의 강연이 끝나고, 강의실 정리를 하고 있는데 어머님 한 분이 나에게 찾아오셨다.

"너무 멋진 여행을 하고 있네요. 혹시라도 화순에 오거든 꼭 전화 주 주세요."

어머님은 나에게 꼭 찾아오라는 말씀과 함께 명함 한 장을 내게 건네셨다. 명함에는 '엄마의 장독대'라는 글씨와 함께 '메주, 된장, 청국장, 고추장'이라고 쓰여있었다. 어머님은 화순에서 직접 장을 담그시고, 장아찌를 만들어 판매한다고 하셨다.

"감사합니다! 혹시라도 화순에 가게 되면 연락드리겠습니다!"

그로부터 며칠 후, 명함에 쓰여 있던 번호로 연락을 드리고 화순으로 찾아갔다. 어머님이 알려주신 주소로 도착하니, 집 앞에 가지런히 놓인 장독대가 눈에 띄었다.

"안녕하세요~"

"오! 잘 찾아왔네~"

"그럼요!"

어머님은 집을 소개시켜주시면서, 나에게 방 한 칸을 내어주셨다,

"오늘은 여기서 자면 돼. 마음 편하게 쉬어."

"감사합니다."

"방금 창고 정리했는데, 한번 구경시켜줄까?"

어머님은 집 앞에 위치한 창고와 장 만드는 공간을 구경시켜주셨다. 콩을 저장해두는 곳, 콩을 삶는 공간, 메주를 띄우는 곳, 집 앞에 있는 장독대 등 이 모든 것을 혼자 관리한다고 하셨다. (아버님은 몸이 좋지 않으셔서 간단한 일을 도와주신다고 하셨다)

"어머님, 장 만드시는 일은 어떻게 시작하게 되신 거예요?"

"원래 나랑 신랑은 수도권에 살았었어. 거기에 지낼 때에도 친정집에서 메주를 받아 장을 만들었었어. 그런데, 주변 사람들이 내가 만든 장을 먹어보더니 맛있다고 하는거야. 그래서 조금씩 더 만들어서 주변 사람들에게 팔았었지. 그러다 나랑 신랑은 여기 시골로 내려오기로 결심을 했는데, 막상 시골에 내려오니 '뭘 하면서 먹고 살아야 하나?'가 가장 큰 고민이더라고. 그래서, 장을 만들어서 팔아볼까? 생각해서 이걸 시작했는데, 처음에는 작게 시작한 게 지금은 이렇게 커져버렸네."

"사업을 처음 시작하실 때는 어렵지 않으셨어요?"

"하하! 고생 많이 했지. 근데 막 하다보니깐 다 되더라고~ 사업에 대해 아무것도 몰랐었는데, 지자체에서 하는 교육도 듣고, 여기저기 찾아다니면서 공부를 정말 많이 했었어."

"정말 열정이 대단하신 것 같아요."

"하하! 내가 좋아서 하는 일이니깐."

잠시후, 주방에서 향긋한 밥내음이 풍겼다.

"아이고 밥을 너무 많이 주신 거 같은데요?"

아버님: "많이 무거야지!"

어머님: "그냥 잡숴봐. 밥이 입에 넣으면 그냥 넘어가브려~ 반찬이 없어도 그냥 넘어 가브러~"

시골에 내려온 뒤로 밥맛이 좋아 밥을 많이 드신다는 아버님을 위해, 매 끼니마다 새로운 밥을 짓는다는 어머님. 간단해 보이지만 간단하지

앉은 내공의 밥상이 눈앞에 차려졌다.

"이건 호박꽃전이고... 이건 산에서 직접 캐온 나물 무침이고..."

이 중 단연 압권은 호박꽃전과 된장국이었다. 생전 처음 호박꽃전을 먹어본 나는 그 식감과 맛에 감탄하지 않을 수 없었다.

"우와~ 호박꽃이 이렇게 맛있는 건지 몰랐어요!"

"맛있지? 된장국도 먹어봐. 산에서 캐온 나물 6~7가지가 들어간 거야. 된장도 아까 보여줬던 직접 담근 된장이고."

조용히 된장국을 드시던 아버님이 말씀하셨다.

"이건 국이 아니라 약이여, 약."

나도 아버님을 따라 된장국을 한 숟가락 떠먹어보았다. 아버님 말씀처럼 보약을 먹는 기분이었다. 각종 한약재가 들어간 맛이라고 해야 할까? 된장국으로 몸보신이 되는 느낌이 들었다.

"진짜 보약 먹는 느낌인데요?"

이외에도 간장, 된장, 고추장 모두 직접 만드신 것이라, 모든 반찬에 어머님의 손맛이 들어가 있었다. 그래서일까? 모든 음식이 진짜 집에서 먹는 집밥 같은 느낌이 들었다.

"오자마자 이렇게 맛있는 음식을 해주셔서 정말 감사합니다."

"그때 보니까 고생하면서 다니는 거 같아서, 내가 밥상을 한번 차려주고 싶더라구~"

"감사합니다. 정말 너무 맛있게 잘 먹었습니다. 오늘 밥도 얻어먹었는데 밥값은 해야죠. 오늘 뭐 도와드릴 일 없을까요?"

"없어, 없어. 그냥 푹 쉬어."

"아니에요. 뭐라도 도와드려야죠."

"흠... 뭐라도 하고 싶어?"

"네, 할 일 있으면 시켜주세요."

어머님은 잠시 생각하시더니 어디론가 전화를 거셨다.

"어~ 난데~ 지금 송편 만들고 있나?"

어머님이 회원으로 계시는 어느 연합회에서 추석을 맞이하여 송편 기부 행사를 진행하는데, 송편 만드는 일손이 조금 모자란다고 하셨다.

"한번 가볼래?"

"좋아요!"

잠시 후, 차를 타고 간 곳에서는 여러 어머님들이 저녁 식사 이후 휴식시간을 갖고 계셨다. 인사를 드리니 나를 반겨주시며 다과상을 차려주셨다.

"어디서 왔다고?"

언제나 그렇듯 자기소개를 드렸다.

"아이고 고생이 많네. 많이 먹고, 많이 도와주고 가~"

저녁을 먹은 지 얼마 지나지 않아 배가 불렀지만, 어머님들이 주신 과일과 떡을 남길 수 없어서 모두 입에 넣었다. 후식까지 먹은 어머님들은 다시 송편을 빚던 작업장으로 돌아가 작업을 시작하셨다. 나도 도움을 드리기 위해 한켠에 자리를 잡고 송편을 빚기 시작했다. 두 세시간 정도 어머님들과 이런저런 이야기를 하며 송편을 빚다 보니 어느새 꽤 많은 송편을 완성했다.

"오늘은 여기까지만 하자."

"아이고, 그래도 총각 덕분에 많이 했네!"

"도움이 됐다면 다행입니다."

"갈 때 이것 좀 가져가."

어머님들은 고생했다며 이런저런 간식과 함께 직접 농사지으신 작두콩차와 복숭아즙을 챙겨주셨다.

"여행하다가 물 마실 때, 페트병 같은 곳에 넣어서 먹으면 좋아."

"감사합니다~"

작은 선물이었지만, 뭐라도 챙겨주시려는 어머님들의 모습에, 마음이 따뜻해지는 위로를 받은 것 같았다. 비록 짧은 시간이었지만, 이곳에서 '정'이라는 단어의 따뜻함을 느낄 수 있었다. 하루하루 어떤 일을 하고, 무엇을 먹고, 어디에서 잘지 한 치 앞도 모르는 여행이었지만, 매번 새로운 사람들과 만나 이루어지는 모든 일들이 그저 신기하고 감사할 뿐이었다.

2018.09.10

전남 화순에서

화순

목사님의 정원

하고 싶어 하는 일

탕탕탕!

위이이이이이잉~

"동영씨, 이거 좀 잡아줘요."

"네!"

이번엔 농사일이 아닌 건물을 수리하는 일이다. 합판을 자르고 각목을 덧대어 벽을 만드는 작업이었다.

"목사님 이렇게 하면 될까요?"

"네~ 거기 조금만 자르고, 그대로 붙이면 될 거 같아요."

전남 화순에서 작은 교회를 운영하시는 목사님은 교회의 거의 모든 시설을 직접 만드셨다고 하셨다. 나는 이곳에 처음 왔을 때, 이곳이 교회라는 말을 듣고, 놀람과 동시에 '교회'라는 단어가 이렇게 잘 어울리는 곳이 있을까?'라는 생각이 들었다. 푸른 잔디가 깔린 동산, 잘 지어진 교회 건물, 여기저기 앙증맞게 꾸며진 소품들. 이곳은 마치 동화책에서나 나올 것 같은 아름다운 공간이었다.

"이곳을 다 목사님이 직접 만드신 거예요?"

"네. 하하."

사실 이곳은 예전에 복숭아 밭과 고구마 밭으로 사용되던 곳이었는데, 목사님이 알고 지내시던 지인이 이곳을 헐값에 내주시면서 이곳을 아름다운 교회로 만들어보지 않겠냐는 제안을 했다고 한다. 목사님은 이곳을 청소년들과 아이들이 편하게 놀 수 있는 교회로 만들기 위해, 건물을 짓고, 잔디를 심고, 주변 경관을 정리했다고 하셨다. 입구에서 정원까지 모든 곳에 목사님의 손길이 닿아 있었다.

"목사님, 어떻게 이 교회를 만들게 되신 거예요?"

"예전부터 아이들과 청소년을 위한 공간을 만들어 주고 싶었어요."

"이곳에는(전남 화순) 청소년들이 맘편히 지낼만한 곳이 많지 않아요. 특히 비행 청소년들이 갈 곳이 없어요. 학교에서 친구들과 어울리지 못하거나 학교를 가지 않는 친구들이 의외로 많은데, 그런 친구들이 갈 곳이 없는 거예요. 그래서 그 친구들이 마음 편하게 지낼 수 있는 곳이 필요하다고 생각했어요."

실제로 이 교회에는 마음껏 책을 읽을 수 있는 공간도 있고, 밥을 해 먹을 수 있는 주방, 초록 잔디가 넓게 펼쳐진 동산이 있어서, 주말 예배 시간 이후나 방학 기간에 아이들이 언제든 와서 밥도 해 먹고, 잠도 자고, 책도 읽으며 하루고 이틀이고 마음껏 쉬다 갈 수 있다고 하셨다.

또한, 목사님은 아이들과 청소년들이 다른 또래 친구들과 어울려 놀 수 있도록 하기 위해, 각종 체험 프로그램을 만들어 제공하셨다. 최근에는 빈 공간에 카페를 만들어 커피를 배우고 싶어 하는 학생들에게 커피 만드는 방법을 알려줄 예정이라고 하셨다. 안그래도 교회 사람들이 예배를 드리고 난 이후, 커피 한잔을 하며 이야기를 나눌 수 있는 곳이 없었는데, 카페는 그런 장소를 제공할 수 있을 뿐만 아니라 학생들에게 교육의 장소까지 될 수 있으니 일석이조인 셈이었다. 조용하기만한 이 시골 마을에서는 이러한 작은 기회들이 굉장히 소중해 보였다.

탕탕탕!

위이이이이이잉~

"목사님 여기는 무슨 공간을 만들고 계신 거예요?"

"여기는 예배 시간 이후 공과공부를 하거나, 아이들이 모여 학교 공부할 수 있는 공간을 만들고 있어요."

"이런 작업도 다 목사님이 직접 하시는 거예요?"

"하하~ 직접 해야 조금이라도 아끼죠."

나도 목사님을 돕기 위해 장갑을 끼고 작업을 시작했다. 처음 해보는 일이라 서툴렀지만, 최대한 많은 도움을 드리고 싶어, 목사님 옆에 찰싹 붙어 이런저런 일을 도왔다. 목사님은 이런 작업이 익숙하다는 듯이 일에 몰두하고 계셨다.

"목사님은 완전히 타인을 위해 살고 계시는 것 같아요."

"뭐, 그렇게 보일 수 도 있지만, 사실 이 모든 것들은 내가 하고 싶어서 하는 일이에요."

"그래도 목사님을 보니까 저는 지금까지 너무 저만 생각하면서 살았던 것 같아요."

"원래 사람은 자기 자신을 먼저 생각하는 거예요. 그게 절대 이기적인 게 아니에요."

이곳에서 목사님은 혼자서 여러 역할을 해야만 했다. 목사님은 예배를 드리는 목사님이자 각종 기계를 수리하는 수리공이며, 정원을 다듬는 정원사이자 교육을 가르치는 선생님이 되기도 했다. 그렇기 때문에 항상 바쁘게 움직이셨던 목사님이었지만, 신기하게도 목사님에게는 항상 여유가 느껴졌다. 아마 청소년들에게 도움이 되는 일을 하시며 행복감을 느끼시는게 아니었을까? 그 동안 나는 모든 일을 너무 나 자신을 위해서만 했던게 아니었는지 돌아보게 되었다.

앞으로 나도 누군가에게 도움이 될 수 있는 일을 해보고 싶다.

2018.09.11-09.13

전남 화순에서

고흥

일단 빚부터 빨리 갚고 싶어요

20대 여성 농부의 꿈

치이이익!! 치이이익!!

"와... 눈이 엄청 매운데요."

이날 오전 작업은 쪽파를 다듬는 일이었다. 인터넷으로 주문이 들어오면 핸드폰을 통해 주문량을 확인하고 밭으로 나가 쪽파를 뽑는다. 밭에서 바로 뽑은 쪽파를 작업대로 가져와 겉껍질을 벗겨내고, 택배 상자에 포장하여 주문자에게 보낸다. 산지에서 출발한 택배는 다음날 혹은 그 다음 날 주문자에게 도착한다.

주문과 동시에 생산지에서 바로 뽑은 신선한 쪽파를 다음날 집에서 받아 볼 수 있는 시스템. 소비자에게도 그리고 생산자에게도 좋은 '직거래 시스템'이다. 이런 프로세스가 가능한 것은 생산자가 컴퓨터를 기본적으로 활용할 수 있기 때문이다. 전라남도 고흥에서 밭농사를 짓고 있는 20대 여성 농부인 이 친구는 인터넷 직거래로 농사의 소득을 높이고 있었다.

이 여성 농부는 내가 시골여행을 하는 동안 처음으로 만난 유일한 20대 여성 농부였다. 농업고등학교의 선생님으로 지내고 계신 그녀의 아버지의 권유로 농수산대학에 진학했고, 졸업 이후 자신의 땅을 사서 농사를 시작했다는 이 친구는 하루하루를 바쁘게 보내고 있었다.

오전 8시. 밭으로 가 주문이 들어온 쪽파를 뽑는다. 요즘 소비자들은 식재료 손질하는 것을 귀찮아하기 때문에, 껍질이 그대로 남아 있는 쪽파는 주문량이 많지 않다고 했다. 때문에 밭에서 뽑아온 쪽파를 일일이 다듬는 작업이 필요했다. 작업 효율을 위해 에어컴프레셔를 이용해 껍질을 벗겨내는데, 작업 내내 쪽파의 매운 성분이 눈을 아프게 했다.

"와... 눈이 정말 아프네요."

"어떤 날은 주문이 많아, 오전 내내 쪽파만 다듬기도해요."

이날도 주문이 많이 들어와 오전 내내 쪽파를 다듬었다. 오전 작업 이후 간단하게 점심을 먹고 단호박이 있는 밭으로 향했다.

"단호박 농사도 지으시는 거예요?"

"네, 부추, 호박, 옥수수, 고추 등등 이것저것 다해요."

차를 타고 도착한 곳에는 미리 수확한 단호박들이 박스 안에 담겨 있었다. 박스에 담긴 단호박을 크기별로 선별하여 포장망에 차곡차곡 담아냈다. 약 2~3시간이 흘렀을까? 완성된 단호박 망을 차로 옮겨실었다. 단호박을 가득 실은 차를 타고 읍내에 있는 마트로 향했다.

"안녕하세요~"

이 친구는 이곳에 농산물을 납품하러 온 게 하루 이틀이 아닌 듯 능숙하게 주차를 하고, 차에 실려있던 단호박을 마트 창고로 옮겼다.

"여기에 두면 되죠?"

마트 직원: "네~"

"수고하세요~"

마트 직원: "네~ 수고하세요~"

이 친구의 일상을 따라다니며 일을 하다 보니 하루가 정말 짧게만 느껴졌다. 저녁을 먹고 쉬고 있는데 밤늦게 연락이 왔다. 갑자기 얼갈이배추 주문이 들어와서 야간작업을 해야 한다고 했다. 얼갈이배추는 해가 떠있으면 시들시들해지기 때문에, 해가 사라진 저녁에 작업을 해야 신선한 상태로 수확 할 수 있다고 했다. 어둑어둑해진 밭에 렌턴을 설치한 다음 야간작업이 시작되었다. 이날은 주문량이 많아, 마을의 또 다른 지인분들까지 오셔서 도움을 주셨다.

"끝~"

"다들 고생하셨습니다~"

휴... 하루가 정말 길다.

다음날 아침, 또다시 똑같은 하루가 시작되었다. 나는 문득 이 친구가 농사일에 대해 어떻게 생각하는지 궁금해졌다.

"농사 일이 힘들지는 않으세요?"

"음... 왜 안 힘들겠어요..."

"OO씨는 원래부터 농사를 하고 싶었던 거예요?"

"아뇨, 그건 아니었어요. 그런데 아버지가 농사를 권유 하셔서 어쩌다 보니 시작하게 됐어요."

"정말 아버지의 권유로 진로를 정한 거예요?"

내가 하고 싶은 대로 하면서 사는 나에게는 사실상 이해하기 힘든 일이었다. 자세한 이야기를 들어보니, 사실 이 친구는 하고 싶은 일이 따로 있었다고 했다.(정확히 무엇이었는지는 기억이 나지 않는다) 하지만, 아버지의 반대로 할 수 없게 되었고, 결국, 자신이 하고 싶던 일을 포기하고 아버지의 말을 따라 농사를 시작하게 되었다고 했다.

"그럼 농수산대학교 진학도 아버지의 권유로 들어가게 된 거예요?"

"네."

한국농수산대학교에 대해 설명하자면, 정부가 농어업 인력을 양성하기 위해 만든 국립대학으로, 이곳에 입학하기 위해서는 본인 혹은 직계 가족이 농어업에 종사하고 있어야 한다.(물론 아닌 경우에도 입학은 가능하지만, 대부분은 영농후계자들이 이곳에 온다) 이곳에 입학하면 입학금 및 등록금은 전액 무료이나, 졸업 이후 6년간 의무적으로 농업, 축산업 혹은 어업에 종사해야 한다.

"제가 듣기로는 농수산 대학교 나온 친구들이 가장 힘들어하는 게 부모님과의 경영 방식 마찰이라고 하던데 OO씨가 느끼기엔 어떤가요?"

"음... 그건 어쩔 수 없는 거 같아요. 저희도 학교에서 이론적으로 배우기도 하고 실습도 하는데, 부모님들이 직접 농사를 지으시면서 경험한 현실적인 부분과는 차이가 많은 거 같아요. 그래서 그런 것 때문에 힘들어하다가 농사를 그만두는 친구들도 있어요."

"그럼 OO씨는 농업에 종사한 걸 후회한 적은 없으세요?"

"가끔 농사일이 너무 많으면, 회사 다니는 친구들이 부러울 때도 있어요. 그리고 친구들끼리 만나는 거 보면 저도 같이 놀고 싶은데, 그러지 못할 땐 좀 아쉽긴 해요. 그런데 이미 농사일을 다 벌려 놔서 되돌릴 수는 없을 거 같아요. 마을 사람들은 제가 부모님 땅을 물려받았다고 생각하시지만, 사실 다 제 이름으로 대출 받아 구매한거거든요. 빨리 자리 잡아서 빚도 갚고, 더 전문적으로 일해보고 싶어요. 아직은 아버지한테 많이 도움을 받고 있지만요."

자신이 택했든 부모님의 권유로 시작했든, 20대 어린 나이에 농업을 선택해 쉬지 않고 달리고 있는 이 친구가 진심으로 대단하게 느껴졌다. 대화를 하면 할 수록 이 친구는 나보다 더 많은 인생의 무게를 지니고 있는 것 같았다.

"그럼, 앞으로 하고 싶은 게 뭐예요?"

"일단 농사를 잘 지어서, 빚부터 빨리 갚고 싶어요."

2018.09.14-09.18

전남 고흥에서

진도

너그들이 맛나게 먹으면, 그게 그렇게 좋아
명절

2018년 09월. 시골 농촌을 다니며 여행을 한지 어느덧 4개월이 지났다. 그리고 추석이 다가왔다.

나는 이 여행을 마치기 전까지 집에 돌아가지 않을 생각이었다. 이유는 간단했다. 한번 집에 들어가면 다시는 여행을 이어서 할 자신이 없었기 때문이다. 그만큼 이번 여행은 체력소모가 많았다. 여행 내내 지낼 곳을 구하고, 그곳에서 익숙치 않은 농사일을 도와드리며, 틈날때마다 다음 행선지를 구하는 것은 긴장의 연속이었다. 그렇기 때문에 여행을 하던 도중 집으로 돌아가게 된다면, 그 긴장의 끈이 풀어져 다시는 여행을 이어가지 못할 것 같다는 생각이 들었다. 그래서 추석이 다가오자 마음속으로 고민이 됐다.

'가족을 보기 위해 집으로 가야 하나? 아니면 계속 여행을 해야 하나?'

나는 일단 여행을 계속 이어가는 쪽으로 마음을 먹었다. 나의 계획은 이랬다.

'분명 시골에서도 홀로 명절을 보내시는 독거 노인분들도 많으실 거야. 마을회관에 가서 독거 노인분들을 돕고 식사를 대접한다면 명절에도 여행을 이어 갈 수 있을 뿐만 아니라, 의미있는 명절이 되지 않을까?'

그렇게 추석이 다가오기 2주 전부터, 추석 명절에 갈만한 곳을 찾아 여러 마을에 전화를 돌렸다. 하지만, 생판 모르는 수상한 사람을 명절에 마을로 초대하는 것은 그리 내키지 않은 일이었을 것이다. 그 어느 때보다 열심히 연락을 돌렸지만, 냉담한 반응이었다.

'그래... 명절은 가족과 보내야겠다.'

결국, 나는 명절 연휴 전날 나의 외갓집인 전라남도 진도로 발걸음을 옮겼다.

"할머니~ 할아버지~"

"오이구~ 동이 왔어?"(할머니는 나를 항상 동이라고 부르신다)

내가 여행을 하는 동안 가장 걱정해주시던 할머니와 할아버지는 나를 평소보다 더 반갑게 맞이해주셨다. 몇 개월 동안 남의 집에 돌아다니면서 농사일을 한다고 하니 내심 걱정이 많으셨나 보다.

"밥은 잘 챙겨 먹고 다녔어?"

"네~ 집에서 지낼 때보다 더 잘 먹고 다녔어요! 잘 지내셨죠?"

"할머니랑 할아버지는 잘 있었지~"

나는 다른 가족들보다 일찍 내려온 탓에 혹시나 도와드릴 만한 일이 없는지 여쭈어보았다.

"할머니, 뭐 도와드릴 있어요?"

"아냐~ 다 해놨어. 생선만 구우면 돼."

우리 가족은 명절이나 휴가철만 되면 항상 시골에 모여 함께 시간을 보내곤 한다. 그때마다 할머니가 빠짐없이 준비해주시는 게 있는데, 바로 '생선구이'다.

진도는 섬이라 생선이 다양하고 맛있는 편인데, 명절만 되면 할머니와 할아버지는 시장에서 근처 어부들에게 직접 찾아가 싱싱한 생선을 사오셨다. 사온 생선은 할머니가 직접 손질하고, 소금간을 하여 바깥에 살짝 말려 놓았다. 약간 꾸덕하게 말린 생선을 프라이팬에 올려 구우면 온 주변에 짭조름한 냄새가 퍼지는데, 고슬고슬한 밥 위에 갓 구워낸 생선을 올려 먹으면, 이보다 더 맛있는 반찬이 없다. 나는 아직까지 우리 할머니가 손질한 생선 구이보다 맛있는 생선 구이를 먹어 보지 못했다. 그만큼 내가 시골에 갈 때마다, 마음속으로 기다리는 음식 중 하나이다. 그런데, 이 맛있는 생선구이를 준비하는 과정은 쉽지 않았다.

"할머니, 이거 다 일일이 손질하려면 시간이 오래 걸리겠어요."

"한 메칠 걸리제~ 생선 내장 제거하고, 소금 쳐서 말리는 게 제일 일이여~"

항상 시골에 내려오면 할머니가 준비해놓은 생선만 보았지, 이렇게 준비하는 과정을 본 건 처음이었다.

"이 많은 생선을 한 번에 다 준비하려니까, 양이 엄청 많네요."

"아주 겁나~ 겁나~"

"시간이 이렇게 많이 걸리는지는 몰랐어요."

"그래도 지금은 날이 좋아서 괜찮지, 겨울에 준비 할라고 하믄, 손이 시린당께."

이날 저녁, 아직 다른 가족들이 내려오지 않아, 간단하게 밥을 먹고 싶었지만, 할머니와 할아버지의 마음은 그게 아니었나 보다. 내가 가장 좋아하는 생선구이를 포함해 코다리 조림, 양념게장, 홍어, 전복, 게 찌개, 각종 나물 반찬 등 모든 반찬이 총출동했다.

"잘 먹겠습니다~"

"많이 묵어~"

"할머니, 이거 다 준비하시느라 너무 힘드셨겠어요."

"그래도 명절에 너그들이 내려와서 맛나게 먹으면, 그게 그렇게 좋아."

명절에 시골에 내려오지 않고 다른 곳에 갈 생각을 했던 내가 괜히 죄송스럽게 느껴졌다.

2018.09.22-09.27

전라남도 진도에서

담양

아직도 여기가 우리집이라는게 꿈만 같아요

무에서 유를 창조하다

"자~ 상추의 아랫부분을 잡고, 조심히 뜯어주세요!"

"각자 따고 싶은 상추를 따서 박스에 담아 오세요~"

"네~"

이곳은 전라남도 담양에 위치한 한 친환경 체험학습 농원. 나는 처음 이곳에 도착했을 때, 엄청난 규모, 그리고 한옥의 아름다움에 압도 당했다. 한적한 시골 마을 사이에 우뚝 자리 잡은 한옥 건물은 넓은 정원과 연못을 품고 있었고, 넓은 마당에 펼치진 푸른 잔디는 마치 내가 민속촌에 온 것인가? 하는 착각이 들 정도였다. 이렇게 아름다운 곳을 만드신 아버님과 어머님은 자녀분들과 함께 이곳에서 친환경 채소 농사와 각종 체험 프로그램을 진행하고 계셨다.

이곳은 주중, 주말 상관없이 하루 종일 체험 학습과 교육활동 등으로 바쁜 하루가 계속되었다. 내가 이곳에 지내는 동안에도 정말 많은 손님들이 다녀갔다. 1박 2일 워크샵을 왔던 단체팀, 체험학습을 왔던 수많은 초등학생들, 2박 3일간 농업교육실습을 왔던 고등학생들, 이곳에서 숙박을 하기 위해 놀러 왔던 가족들까지 손님이 끊이질 않았다.

아버님은 주로 농사의 전반적인 관리를 하시며 학생들의 실습 교육

및 단체팀을 상대로 '친환경 농법'에 대한 강의를 진행 하셨다. 어머님은 이곳에 머무르는 손님들을 위해 건강식 밥상을 준비하시거나, 올바른 식생활 교육을 알리기 위한 요리 교실과 각종 체험 학습을 진행하셨다.

이곳에 방문한 모든 사람들은 먼저 아름다운 한옥의 모습에 반하고, 이어 진행되는 재미있는 체험 학습과 건강하고 맛있는 음식에 두 번 반하였다. 이렇게 멋진 곳에서 좋은 강의도 듣고, 체험학습도 하고, 건강한 밥도 먹고, 아름답게 지어진 한옥에서 하룻밤을 보내는 것 자체만으로도 힐링, 그 자체였다. 나도 이곳에 지내는동안 농사일과 체험 학습 진행을 도와드렸는데, 이렇게 멋진 공간에서 지낼 수 있다는 사실만으로도 감사하게 느껴졌다.

어느 날 저녁, 하루 일과를 마치고, 어머님과 함께 저녁 식사를 하며 이야기를 나눌 수 있었다.

"어머님, 이곳은 정말 아름다운 곳인 것 같아요."

"저도 아직도 여기가 우리 집이라는 게 꿈만 같아요."

어머님의 이야기를 들어보니, 이곳은 원래 논과 밭이었던 땅이라고 하셨다. 원래 도시에서 지내셨던 두분은 아무것도 없던 이곳에 땅을 사서 농사를 시작했고, 지금의 모습이 있기까지 다사다난했던 세월을 보냈다고 하셨다.

"처음 이곳에 올 때, 당시에는 모든 걸 그만두고 시골에 간다고 하니, 다들 미쳤다고 했었어요. 그땐 여기가 그냥 다 황량한 논과 밭이었으니까요."

"주변 친구들은 다 회사 다니면서 결혼하고 집도 사고, 차도 좋은 차 타고 다녔는데, 우리는 시골에 와서 농사를 시작한 거죠."

"처음 이곳에 내려오셨을 때는 정말 힘드셨겠네요."

"몸이 힘들긴 했는데, 그때 당시엔 그게 엄청 힘들다고 느끼지 않았던 것 같아요. 우리는 농사를 시작해서 무언가를 이루겠다는 목표도 있었고, 그걸 꼭 해낼 거라는 이상한 자신감이 있어서? 그땐 정말 가진 게 별로 없었는데, 오히려 지금보다 더 마음이 풍요로웠던 것 같아요."

"그렇게 몇 년 동안 농사를 지어서 처음으로 한옥집 한 채를 지었을 때는 정말 너무 행복했어요. 돈도 돈이지만, 한옥에 들어가는 모든 나무들을 직접 고르고 구하면서, 정말 많은 시간과 정성이 들어갔거든요. 그렇게 꾸준히 농사를 짓고, 체험학습장을 시작하면서 이제는 이곳이 체험학습과 교육의 장소로 자리를 갖추게 되었죠."

어머님은 지난 세월의 이야기를 하시면서 점점 눈가가 촉촉해지셨다.

"말 그대로, 무에서 유를 창조하신 거네요."

"정말 마음먹기에 따라 다른 것 같아요. 처음에 농사를 짓겠다며 이곳에 내려왔을 때도 그랬고, 친환경 농사를 짓는다고 했을 때도 주변에서 정말 말이 많았었거든요. 그래도 꿋꿋하게 하다보니까 어느새 여기까지 왔네요. 동영씨도 앞으로 어떤 일을 하던지 다 이겨낼 수 있다는 마음을 먹고 한다면, 그게 무슨 일이든 다 이뤄낼 수 있을거예요."

2018.09.29-10.03

전라남도 담양에서

남원

어쩌다 오게된 남원
여행이 주는 특별함

"동영씨 미안한데 이틀 뒤에 와줄수 있을까?"

"네, 알겠습니다!"

전라남도 임실에서 열리는 치즈마을축제에 일손이 필요하다는 연락을 받고 임실로 가기 전날, 치즈마을에서 원래 요청했던 날보다 이틀 뒤에 와달라는 연락을 받았다. 애초 계획대로라면 내일 임실로 이동해야하는데, 계획이 틀어진 것이다. 당장 다른 곳에 일을 구하기도 힘든 상황이었다.

'일단 어디든 다른 곳으로 가보자.'

그렇게 갑작스럽게 찾게된 남원. 이날도 역시 일할 곳을 찾지 못했다. 보통 한 농가에 가면 최소 3박 4일정도를 머물며 일손을 도와드렸었는데, 비까지 내리는데다 하루 이틀 정도만 도와드린다고하니 받아 주는 곳이 없었다. 결국, 일할 수 있는 농가를 구하지 못한 나는, 여행 정리도 할겸 이틀 정도 남원의 한 게스트하우스에서 머물기로 했다.

평일이라 그런지 게스트하우스는 조용했다. 비에 젖은 옷을 벗고, 샤워를 하고 침대에 누웠다. 밖에는 추적추적 비가 오고 있었다. 아무도 없는 조용한 게스트하우스 침대에 누워 빗소리를 들으니 마음이 차분해졌다.

나는 그간의 여행을 정리하기 위해 컴퓨터를 들고 라운지 공간으로 내려가보았다.(다음에 가게 될 임실을 마지막으로 여행을 끝낼 계획이었다) 작은 라운지 공간은 밥을 먹을 수 있는 공간이자 프론트데스크로 사용 중인 곳이었는데, 그곳에 내려가니 50-60대로 보이는 여자 사장님이 아무 말씀도 없이 조용하게 뜨개질을 하고 계셨다. 게스트하우스에 다른 손님이 없던 터라 사장님과 자연스럽게 이야기를 하게되었다. 사장님의 이야기를 들어보니 이곳은 허름한 주택을 개조해 만든 곳이라고 하셨다. 주택 구입부터 인테리어까지 모두 사장님이 직접 하셨다고 했다. 그래서인지 게스트하우스 안과 밖에 있는 아기자기한 소품 하나 하나에 사장님의 정성이 가득 담겨져 있었다.

대화를 좋아하시는 사장님은 항상 여행객들에게 궁금한 점이 많다고 하셨다. 나에게도 무슨 여행을 하고 있는지 물어보셨다.

"저는…(중략)"

내 말을 들으시던 사장님은 나를 신기하게 바라보셨다. 많은 여행객들이 이곳에 머물렀지만, 나처럼 시골을 다니며 일하는 청년은 처음이라고 하셨다. 그리곤 나에게 한가지 제안을 하셨다.

"우리 시골집에 텃밭이 있는데, 내일 거기 나무를 심으러 가려고 하거든. 같이 가볼래? 마을 구경도 하고. 갔다와서 같이 밥이나 먹자고."

어차피 하루정도 여유 시간이 있었기 때문에, 나는 흔쾌히 가겠다고 말씀을 드렸다.

"네, 좋아요!"

다음날 아침, 밖에는 다시 비가 부슬부슬 내리고 있었다.

"어짜피 오늘 손님도 없으니까, 그냥 가서 구경이나 하다 오자고."

"네, 근데 게스트하우스에 아무도 없어도 돼요?"

"누군가 오면 전화오겠지."

정말 쿨하시다. 남원 시내에서 차를 타고 약 20분 정도 가니, 사장님이 말씀하셨던 시골이 나타났다. 이곳 역시 주위에 그 어떤 간판도 보이지 않는 완전한 시골. 비가 내려 안개가 낀 마을은 신비로운 모습을 자아냈다. 차를 세우고 들어간 사장님의 시골집은 소박하고 아담해 보였다. 복도식으로 개조한 대청마루와 기와 형태의 지붕을 갖춘 집은 제법 오래된 시골집 같아보였다. 하지만, 실내는 과거에 이 집을 짓기 위해 사용된 기본 나무 구조를 제외하고는 모두 아기자기하게 리모델링 된 귀여운 집이었다.

"집이 너무 예뻐요."

"그렇지? 여기도 공사할때 다 우리가 해달라는대로 해주신거야."

집 구경을 마치고, 집 바로 뒤에 있는 텃밭에 나가보았다. 작은 텃밭에는 각종 채소들이 심어져 있었는데, 사람의 손길이 많이 안갔었는지, 이곳저곳 손 봐줄 부분들이 많아 보였다. 나는 쓰러져가는 지주팩을 다시 고정하고, 주변에 가득 자란 잡초를 뽑아주었다. 그리고 이웃 주민이 사장님께 주신 나무 두 그루를 심기 위해 땅을 파기 시작했다.

부슬부슬 비가 내리긴 했지만, 더운날 얼굴을 시원하게 적셔주는 미스트 같은 보슬비는 일하는 내내 기분 좋은 상쾌함을 더해주었다. 모든 작업을 마치고 대청마루에 걸터앉았다. 사장님은 간식으로 가져오신 초코파이를 꺼내셨다. 안개가 무럭무럭 피어 신비로워진 산 중턱을 멍하니 바라보며 초코파이를 먹었다.

"이 마을은 참 조용하네요."

"조용하면서도 아기자기한 매력이 있지. 이제 시내로 가면서 내가 예쁜 저수지를 구경시켜줄게."

다시 차를 타고 향한 곳은 산 중턱에 있는 저수지였다. 마치 산신령이라도 나올 것 같은 분위기의 저수지는 저멀리 누군가가 가부좌를 틀고 명상을 하고만 있을 것 같았다. 잠시 구경을 하고 다시 차를 타려는데, 아뿔싸. 차에 키가 꽂힌 상태로 문이 잠겨있었다.(사장님 차는 연식이 조금 있어, 키가 꽂혀있어도 문이 자동으로 잠겼다)

깊은 산골짜기라 보험을 불러도 시간이 꽤 걸릴 것 같았다. 그래도 다행인 것은 조수석 창문이 조금 열려있었고, 막대기를 이용하면 창문을 열 수 있을 것 같았다. 나는 주변에서 긴 막대기를 구해와 창문을 열어보려 애쓰기 시작했다. 약 20분이나 싸웠을까? 다행히 차 창문이 내려갔고 우리는 다시 차에 올라 탈 수 있었다. 사장님은 이런 것도 다 추억이라며 그저 즐거워 하셨다.

"하하! 이게 다 추억이지."

다시 돌아온 게스트하우스. 사장님이 고생했다며 늦은 아침밥을 차려주셨다. 거창하진 않았지만 소박한 아침은 정겨운 느낌이 들었다.

떠나는 날 아침, 나는 부쩍 친해진 사장님께 다음에 남원에 오면 꼭 다시 놀러오겠다는 약속과 함께 내가 가지고 다니던 즉석 사진기로 사진을 찍어드렸다. 항상 느끼는 것이지만 나는 정말 인복이 많은 것 같다. 우연히 오게된 남원에서 잊지 못할 추억을 가지고 돌아갈 수 있게 해주신 사장님께 다시 한번 감사드린다. 물론 내가 내 돈을 내고 잔거지만, 내집처럼 편안하게 사용했던 숙소와 사장님이 아니었으면 가보지 못했을 남원의 시골마을, 그리고 처음보는 사이었지만 모두 친절히 맞이해주었던 남원의 이웃주민들까지. 여행을 하며 만나게 되는 다양한 인연이 이번 여행의 특별함이 아니었을까?

2018.10.03-10.05

전라북도 남원에서

전라북도

임실

세대 교체의 필요성

임실치즈마을

'임실치즈마을'

　과거 벨기에 출신의 지정환 신부님이 임실에 산양을 들여와 국내에서 처음으로 치즈를 생산하기 시작하였고, 이후 임실은 국내 최대 치즈 생산지가 되었다. 치즈를 생산하기 시작한 마을에서는 이후 피자 만들기, 치즈 늘리기 등과 같은 체험 활동을 시작하면서 '체험학습장'으로서 마을을 알리기 시작했고, 이제는 전라북도의 대표적인 관광지가 되었다.

　이제 임실 하면 곧 치즈가 떠오르는 것처럼, 임실은 명실상부 국내에서 가장 유명한 체험학습마을 중 한 곳이다. 내가 처음 임실에 갔었던 2013년 1월 초 겨울. 그 당시만 해도 치즈 마을은 간이 건물 같은 곳에서 비교적 작은 단위로 체험학습을 운영하고 있었던 것으로 기억한다. 아기자기한 체험학습실 안에는 치즈 만들기 체험을 하기 위해 전국 각지에서 방문한 사람들이 모여있었고, 자신의 치즈와 피자를 만들며 즐거운 시간을 보냈다.

　2018년 10월. 연락을 하고 찾아간 임실치즈마을은 그전보다 훨씬 더 규모화 된 모습이었다. 깔끔하고 정갈하게 지어진 사무실과 체험학습실, 그리고 마을 뒤편엔 아주 큰 규모의 임실 치즈 테마파크까지 들어서 있었다. 예전 모습을 생각하고 찾아간 나는 새롭게 변화된 마을의 모습이 색다르게 느껴졌다.

'우와, 정말 많이 커졌구나.'

"안녕하세요~"

"안녕하세요, 동영씨 잘 찾아왔어요."

나의 시골배낭여행이 막바지에 이른 10월, 나는 예전부터 지역의 특산물 축제 같은 지역 행사에 참여해보고 싶었다. 때마침, 10월에 임실군에서 매년 진행하는 '임실N치즈 축제'라는 큰 지역 행사가 있었고, 운이 좋게도 축제를 도와줄 스탭이 필요했던 치즈마을의 총무님과 연락이 되어, 축제를 하는 2박 3일동안 치즈마을에서 축제 스탭으로 일을 할 수 있게 되었다.

축제 첫째 날, 아침부터 분주하게 축제에 필요한 짐을 옮겼다. 축제에서 빠질 수 없는 먹거리를 만들기 위해 각 부스마다 조리기구, 냉장고, 식재료 등을 옮기고, 행사장 곳곳에 필요한 탁자와 테이블을 옮겼다. 이후 다른 스탭들과 함께 정해진 위치에서 음식을 판매하기 시작했다. 첫날은 아쉽게도 날씨가 좋지 않아 방문객이 적었지만, 둘째 날부터는 제법 많은 방문객들이 찾아 오기 시작했다.

"동영씨~ 이것 좀 옮겨주세요~"

"동영씨~ 이것 좀 도와주세요~"

"동영씨~ 이것 좀 이장님께 전달해주세요~"

나는 축제장 이리저리를 돌아다니며 다양한 일을 도왔다. 축제장에는 먹거리 코너, 체험코너, 체험객 참여 이벤트 등 시간대별로 다양한 행사를 진행했고, 그때마다 인력이 계속 필요했다. 그러나 축제에 필요한 인원은 넉넉치 않았고, 행사장에서 일하시는 모든 분들이(나를 제외

한 모든 분들이 임실 출신이었다) 이리저리 뛰어다니며 열심히 일을 해야만 했다.

"동영씨, 힘들면 조금 쉬었다 해요."

"아뇨, 괜찮습니다. 다들 열심히 하시는데요."

"마을에 일할 수 있는 사람이 많이 없어서, 다들 이리 뛰고 저리 뛰느라 바쁘네요."

행사를 진행하는 동안 모든 스탭들이 이른 아침부터 밤 늦게까지 일을 했고, 그렇게 정신없이 진행되었던 행사가 끝이 났다. 축제 마지막 날, 행사에 참여한 사람들이 모두 모여 간단하게 술자리를 열었다. 치즈 마을답게 테이블 위에는 각종 치즈가 안주로 놓여있었다.

"음~ 이건 OO목장 치즈네."

"음~ 이건 OO네 브리치즈 같은데?"

확실히 치즈 마을 사람들이다. 대한민국 시골 마을 술자리에서 맥주를 마시며 치즈를 논하는 곳이 이곳 말고 또 있을까?

"이번에 동영씨가 많이 도와줘서 도움이 정말 많이 됐어요."

"아, 감사합니다. 저도 이런 축제장에서 일해보고 싶었는데, 이번 기회에 함께 일할 수 있게 되어 정말 좋았습니다. 초대해주셔서 감사합니다."

"많이 힘들었죠?"

"조금 힘들긴 했지만, 그래도 재밌었어요. 이런 행사는 일 년에 몇 번 정도 하시는 거예요?"

"마을에서 하는 축제가 있고 임실군에서 하는 축제가 있는데, 다 합치면 4~5번은 넘어요."

"행사하실 때마다 마을분들이 너무 힘드실 것 같아요."

"그렇죠. 아무래도 도와줄 사람이 많지 않다 보니까... 그래도 이번에는 스탭으로 도와주러 온 동영씨나 학생들이 많아서 다행이었어요."

"그런데, 여기서 일하는 직원들은 내일 또 단체팀 체험 학습 예약이 있어서, 쉬지도 못하고 바로 일해야 돼요."

이야기를 들어보니, 이곳은 축제기간뿐만 아니라 평일에도 체험객 방문이 많은 편인데, 일하는 직원이 많지 않아 모두 고생이 많다고 하셨다.

"마을엔 젊은 사람이 필요한데, 젊은 사람들은 여기에 잘 안 있으려고 하니..."

'이곳도 다른 시골마을과 마찬가지로 일손 문제를 가지고있구나...'

임실치즈마을의 마을사업은 지금까지 주로 기성세대 분들이 일하며 사업을 이어왔는데, 마을 사업이 점점 확대되면서 일이 늘어나자, 체력적으로 힘들어지기 시작했고, 대부분의 마을 주민분들이 마을사업에서 손을 떼기 시작했다고 하셨다. 결국, 마을에는 젊은 청년들이 필요했고, 다양한 지원을 통해 마을 청년들을 고용했다.

이 당시, 이곳에서 정식으로 일하고 있는 젊은 친구는 3명이었다. 모두 이곳 치즈마을이 고향인 학생들로, 휴학을 하고 잠시 일을 하고 있거나, 졸업 후 다른 곳에 취업하기 전, 잠시 고향에 내려와 일을 도와주고 있는 친구들이었다. 이들은 이곳 치즈마을에서 열심히 일을 하고 있었지만, 모두 이 일이 아닌 각자의 꿈이 있었고, 그 꿈을 이루기 위해 마을을 떠나 다른 곳으로 나가길 원하고 있었다. 이 마을의 대표님도 마을 청년들이 이곳에 남아 일을 해주길 바라면서도, 각자의 길을 가도록 응원해주셨다.

상황이 이렇다 보니 기존에 계시던 대표님이나 총무님과 같은 분들은 각자 1인분 이상의 역할을 해야만 했고, 이분들 역시 체험학습장을 이끌어가기엔 체력적으로 점점 지쳐간다고 하셨다.

"동영씨같은 분들이 우리 마을에 와서 일을 해주면 참 좋을 텐데..."

대표님이 건네신 한마디에서는 농담과 진심이 섞여 있었다. 대표님은 지금까지 임실치즈마을이 외부에 알려지고 사업을 이어갈 수 있도록 하기 위해 정말 많은 노력을 했다고 하셨다. 그러나, 지금은 체력적으로나 사업적으로나 힘든 점이 많다고 하셨다.

"이제는 세대 교체가 필요한 시점이예요."

대표님은 치즈마을의 미래에 대해 정말 많은 고민을 하고 계셨다. 지금까지 대표님과 같은 분들의 노력이 있었기에, 지금의 치즈마을로 성장할 수 있었을 것이다. 앞으로 대표님의 바람처럼 마을에 젊은 에너지가 들어와, 지금까지 잘 이어온 치즈마을이 한 단계 더 성장할 수 있기를 진심으로 바라본다.

2018.10.05-10.10

전라북도 임실에서

여행후

새로운 시작

수도권을 떠나다.

여행을 마치고 일상으로 돌아오니, 마치 길고 길었던 꿈을 꾼 느낌이었다. 나는 다시 백수가 되어있었고, 따뜻했던 계절도 어느덧 서늘한 가을로 변화하고 있었다.

5개월간 시골 농촌을 다니며 농사&농촌의 문제점을 느꼈던 나는 앞으로 농촌 혹은 농산물과 관련된 일을 해보고 싶었다. 여행 일정을 예정보다 조금 일찍 끝내고 올라온 이유 역시, 일해보고 싶은 회사가 생겼기 때문이었다. 여행 도중 만났던 어느 이장님의 소개로 알게 된 스타트업 회사였는데, 내가 느꼈던 '농산물 판로의 문제점'을 색다르게 해결하고 있는 곳이었다. 그래서 여행 말미에 회사 대표님께 이메일을 보냈고, 감사하게도 대표님과 만나볼 수 있는 기회가 주어졌다. 나는 떨리는 마음으로 대표님을 찾아갔다.

"안녕하세요."

"아, 안녕하세요. 동영씨."

야외에서 나를 기다리시던 대표님은 나를 반갑게 맞이해주셨다. 대표님은 나에게 짧은 시간이었지만 회사에 대한 깊은 이야기를 해주셨다. 스타트업의 특성상 직원을 채용하는 일은 여러모로 부담이 되었고, 내가 어떤 역량을 가진 사람인지 정확히 알 수 없었기에, 나를 알아가는 시간이 필요하다고 말씀해 주셨다. 또한, 함께 일하는 직원들과도

의논이 필요하다고 하셨다. 그렇게 대표님과의 첫 번째 만남 이후, 두 번의 만남이 더 있었지만, 아쉽게도 이 회사와는 인연이 되지는 못했다. 대표님은 나에게 기회를 주시려고 했지만, 회사의 여러 가지 사정상 타이밍이 맞지 않았다. 물론, 직장 생활 한번 해보지 않고, 그저 의욕만으로 열심히 일하겠다는 나의 스펙 역시 마음에 걸렸을지 모르겠다. 생전 처음으로 일하고 싶은 회사가 생겼다는 사실에 마음이 두근거렸는데, 그게 잘 안되니 마음이 다시 붕 뜬 느낌이었다. 여하튼 나는 다시 새로운 출발을 해야 했다.

'나 혼자 일을 시작해볼까?'

나혼자서 농산물과 관련된 일을 시작해보고 싶었다. 하지만, 엄두가 나지 않았다. 지금까지 많은 것들을 혼자 해왔지만, 일(사업)을 시작하려고 하니 뭐부터 해야 할지 도무지 감이 잡히지 않았다. 그래서 어떤 곳이 되었든 농산물과 관련된 회사에 들어가 보기로 생각했다. 그렇게 며칠간 인터넷을 뒤져가며 일해보고 싶은 회사를 찾기 시작했다. 집이 인천이다 보니, 주로 수도권에 위치한 회사를 찾게 되었다. 그런데, 문득 이런 생각이 들었다.

'농산물과 관련된 일을 하게 된다면, 굳이 수도권에서 일할 필요는 없지 않을까?'

오히려 지방이 더 나을 것 같다는 생각이 들었다. 사실, 몇 개월간 시골 농촌을 돌아다니다 수도권으로 올라오니, 왠지 모르게 갑갑한 마음이 들었었다. 내가 어떻게 이런 답답한 도시에서 살았는지 의아한 생각이 들 정도였다. 도시는 편리하고 화려했지만, 나에게 안정감을 주진 못했다. 나는 북적거리는 수도권을 떠나, 포근한 자연이 맞이해주는 한적한 곳으로 가고 싶었다.(그게 얼마나 힘든 일인지는 정확히 알지도 못했지만) 그래서 나는 단계적 귀촌을 해보면 어떨까? 라고 생각했고, 며칠 뒤

이러한 생각이 '결심'으로 바뀌게 되는 결정적인 계기가 있었다.

    이날은 약속이 있어 잠시 서울에 다녀오는 길이었다. 약속을 끝내고, 집으로 가기 위해 지하철을 탔는데. 이런. 퇴근시간이었다. 서울의 지옥철을 경험해 본 사람들은 알 것이다. 왜 출퇴근 시간의 지하철을 지옥철이라 부르는지. 나는 집으로 가는 지하철에 올라탔다. 수많은 사람들이 한시라도 빨리 집에 가기 위해, 꽉 찬 지하철 안으로 몸을 구겨 넣었다. 더 이상 사람이 들어올 공간이 없을 것 같았지만, 신기하게도 사람들이 지하철 안으로 계속 꾸역꾸역 들어왔다. 나의 의지와는 상관없이 내 몸은 곧추서있었고, 다음 역에서 문이 열릴 때마다 내 몸은 더욱 더 찌그러져갔다. 만약, 내가 처음 가고자했던 스타트업 회사에 다녔다면, 이런 식으로 왕복 3시간이 넘는 거리를 다녔어야 했을텐데, 오히려 잘됐다는 생각이 들었다.

'그래, 이건 아니야... 뭐가 됐던 간에, 일단 수도권을 벗어나 보자.'

그렇게 나는 내가 지금까지 살아온 수도권을 떠나기로 결심했다.

끝.

에필로그

그래서 얻은 게 뭐야?

다양성 & 태도

"그래서 여행을 하고 얻은 게 뭐야?"

시간을 투자해 어떤 일을 하면 무언가를 얻어야 하고, 이것이 나의 스펙이 되어야만 하는 사회에서, 사람들은 내가 소비한 1년 동안 무엇을 얻었는지 궁금해했다.

"음..."

나는 물음에 대한 답을 명확하게 할 수 없었다. 겉으로 눈에 띄게 변한 것은 없었기 때문이다. 하지만, 분명한 것은 내가 여행을 하며 겪었던 색다르고 다양한 경험들은 앞으로 살아가게 될 나의 인생에 작지 않은 변화를 가져올 것이라는 것이다. 그렇다면 내가 이번 여행을 통해 느낀 점들은 어떤 것들이 있을까? 이번 여행을 두 단어로 요약하고자 한다면, 삶의 '다양성'과 '태도'라고 말하고 싶다.

첫 번째, 다양성.

이번 여행을 하면서 가장 좋았던 것 중 하나는 다양한 사람들과의 만남이었다. 농사나 어업에 종사하시는 농부님과 어부님들, 식당을 운영하고 계신 사장님들, 공무원이나 대기업을 은퇴하고 귀촌하신 분들, 다양한 사업을 하고 계시는 대표님 등, 내가 이번 여행을 하지 않았더라면 만날 수 없었던 분들들과의 만남은 나에게 가장 큰 행운이었다. 이렇게 다양한 사람들을 만나 이야기하면서 느낀 것은 각자의 삶의 방식이 다양하다는 것 이었다.

'세상에는 무수히 많은 직업과 다양한 삶의 형태가 있다'라는 말은 익히 들어왔지만, 내 주변에는 대게 비슷비슷한 삶을 살아가는 사람들이 대부분이었다. 그렇기 때문에 나는 지금까지 삶의 다양성에 대해 깊이 생각해 본 적은 없었다. 학교를 졸업하면 회사 or 공무원, 이 두 가지 길에서만 선택을 강요당했던 나에게, 이분들의 다양한 삶은 좀 더 넓은 시야를 가질 수 있게 해 주었다.

굳이 회사나 공무원이 아니더라도 농사나 어업에 종사할 수 도 있을 것이고, 내가 원하는 식당을 운영할 수도 있을 것이며, 다양한 사업을 시작 할 수 도 있을 것이다. 물론, 회사가 아닌 다른 일을 한다고 하면, 괜히 어려울 것 같고, 불안정한 수입에 힘들 것 같은 게 사실이다. 또한, 내가 취직을 하지 않고 '저만의 길을 걷겠습니다'라고 한다면, 주변에서 여간 잔소리를 들을게 뻔했기 때문에, 취업이 아닌 다른 일은 하면 '안 되는 것'이고, '불행해질 미래'로 여겨져 왔던 것 같다.

내가 만났던 분들도 이와 같은 일을 겪었다고 하셨다. 애초부터 농사를 지었던 분들은 아니겠지만, 잘 다니던 일을 그만두고 농사를 시작한 분들이나, 주변의 만류에도 불구하고 자신의 사업에 뛰어든 분들은 초기에 주변의 반대가 아주 심했었다고 하셨다. 그러나 이분들의 특징은 주변의 말에 신경 쓰지 않고, 자신이 하고 싶은 일을 하면서 맞딱뜨리는 어려움을 헤쳐나갔다는 것이다.

물론 이분들 모두가 돈을 잘 벌고, 잘 사는 것은 아니었지만, 자신이 하는 일에 대한 자부심이 누구보다 강했으며, 무엇보다 중요한 것은 삶의 만족도가 높다는 것이다. 자기 자신이 만들어가는 삶의 가치를 스스로 높이 평가하였다.

"돈 벌 수 있는 방법은 다양하데이~"

그동안 허름한 옷에 흙 묻은 장화를 신고 있는 농부님들을 보면, 편견을 가지고 괜히 측은한 마음을 가졌던 나를 반성하게 되었다. 겉모습만 보고 사람을 판단했던 나는 이분들이 얼마나 멋지고 만족스러운 삶을 사는지 그 내면을 보지 못했던 것 같다.(물론 모두가 만족하고 있는 삶은 아니겠지만) 여행을 다녀온 이후, 이제는 주변에서 뭐라 하건 남들의 시선을 신경쓰지 않고, 각자의 영역에서 다양한 삶을 살아가는 사람들을 보면, 진심으로 존경하는 마음이 들었고, 나 역시도 그런 삶을 살아보고 싶다는 생각이 들었다.

두 번째, 태도.

내가 여행을 하며 만났던 분들은 주로 농사를 지으셨는데, 모든 분들이 자신이 하는 일에 만족하며 지내는 것은 아니었다. 농사를 천직이라 여기는 분들이 계신 반면, 농부라는 직업을 어쩔 수 없이 선택하여 농사를 짓는 분들도 계셨다. 이 두 농부님의 가장 큰 차이점은 '마인드'였다. 농사라는 일이 아무리 힘들고 어려워도, 자신이 하는 일에 자부심을 가지고 일하는 농부님들은, 그렇지 않은 농부님들에 비해 삶의 만족도가 훨씬 높아 보였다. 어찌 보면 당연한 말이지만, 이 당연한 말이 삶을 행복하게 살아가느냐 마느냐의 차이를 가져오는 듯 했다.

삶의 만족도가 높으신 분들은 삶을 바라보는 시선이 아주 긍정적임을 알 수 있었는데, 어떠한 어려움이 생겨도 복잡하게 생각하지 않고, 자연의 섭리대로 인생을 살아가고 있는 것처럼 느껴졌다. 한 해 농사가 잘 안 되어도, 혹은 새로 시작한 일이 잘 풀리지 않아도, '매번 잘될 수 있나'라고 말씀하시며 아무렇지 않게 넘기는 모습을 보며, '과연 내가 저런 어려운 상황에 처해도 저런 말을 할 수 있을까'라는 생각이 들었다.

또한, 이분들은 찾아오는 행복만 누리는 것이 아니라, 작은 것에서도 행복을 찾아내셨다. 가족과 함께 맛있는 음식을 먹는 것, 가족과 함께 살 수 있는 집을 짓는 것, 자신이 키우는 농작물 혹은 가축들이 잘 크는 모습 등 을 보며, 작은 것에도 감사하며 '행복을 찾아' 행복해하는 모습이 인상적이었다. 그래서인지 그분들이 말하는 자신의 미래는 항상 희망적이었고, 밝은 모습이었다.

"아버님, 아버님은 정말 행복해 보이세요"

"행복은 그리 멀리 있는 게 아니야. 돈이 다가 아니라구. 먼 데서 찾지 말고, 가까운 곳에서 찾아봐."

나는 이번 여행을 하면서, 다양한 사람들의 삶을 들여다 볼 수 있었다. 인생의 선배인 분들에게 각양 각색의 인생 이야기를 들으며, 내가 앞으로 인생을 살아가면서 느끼게 될 다양한 경험들과 감정들을 미리 경험해본 것 같았다. 이 과정을 통해 나는 나의 미래에 다시 한번 생각해보게 되었고, 정신적으로도 한층 성숙될 수 있었던 시간이었다.

이번 여행을 통해 얻게 된 다양한 경험들을 잊지 않고, 올바른 방향으로 나의 삶을 살아갈 수 있기를 바라며, 다시 한번 열린 마음으로 나에게 진심 어린 조언과 자신의 인생 이야기를 해주셨던 모든 분들께 감사드린다.

2018년 무모한 청년에게 도움 주셨던 분들

강화도 강화섬쑥 봉유순대표님, 교동도 탑농원 황규태대표님, 파주 산머루농원 박영일대표님, 포천 운산리 구라이골 마을 이현규이장님, 철원 농가농원 윤창호대표님, 인제 김정은아버님, 속초 나룻배식당 건계화사장님, 속초 영광호 홍진호사장님, 양양 곰마을농원 김영수대표님, 강릉 학산리 마을 김목기이장님, 강릉 정토목장 윤용식대표님, 태백 산산농원 강병희대표님, 안동 은별농원 윤창식대표님, 안동 김낙영대표님, 의성 청심미미나리농장 황병호대표님, 김천 혜연농원 손강영대표님, 칠곡 금남리 이은수이장님, 칠곡 시골쥐농원 김진수대표님, 칠곡 신동철대표님, 청도 이슬뫼농장 유가경대표님, 경주 꿈자람농원 이상환대표님, 경주 양남파프리카 오춘임대표님, 양산 다인팜 김대수대표님, 밀양 김재원대표님, 칠천도 김성진아버님 서정임어머님, 통영 치자국수카페 이성만대표님, 고성 장금이나라 이지연대표님, 진주 류진농원 유재하대표님, 하동 동심결농원 방호정대표님, 하동 김종성아버님, 남해 다랭이팜 이창남대표님, 순천 제궁농원 김치용대표님, 화순 엄마의 장독대 김남순대표님, 화순 늘푸른교회 송영옥목사님, 고흥 혜은농원 정순복대표님, 담양 두리농원 김상식대표님, 남원 무아게스트하우스 황영자대표님, 임실 치즈마을 심장섭대표님

나는 왜 시골을 돌아다녔는가?

초판 1쇄 발행 2020년 10월 28일

지은이	김동영
편집	김동영
펴낸곳	도시총각
	경상북도 경주시 양정로 214번길 3, 306호
이메일	ehddud527@gmail.com
인스타그램	@dongyoung527

ISBN 979-11-971869-0-5 03810

ⓒ 김동영, 2020

도시총각 첫번째 책을 구입해주시고 읽어주신 독자 여러분께 진심으로 감사의 말씀을 전합니다. 이 책은 저작권법에 의해 한국 내에서 보호받는 저작물이므로 무단 전재와 무단 복제를 금하며, 이 책 내용의 전부 또는 일부를 이용하려면 반드시 저작권자와 도시총각 서면 동의를 받아야 합니다. 파본이나 잘못 만들어진 책은 구입하신 곳에서 교환해 드리며, 책을 읽은 후 소감이나 의견을 보내주시면, 소중히 받고 새기겠습니다. 감사합니다.